日本商工会議所主催 簿記検定試験

検定
簿記講義

2級

岡本　清 ［編著］
廣本敏郎

2024年度版

工業簿記

中央経済社

■検定簿記講義　編著者・執筆者一覧

巻編成		編者(太字は主編者)		執　筆　者	
1級	商業簿記・会計学上巻	渡部　裕亘(中央大学名誉教授) 片山　　覚(早稲田大学名誉教授) **北村　敬子**(中央大学名誉教授)	北村　敬子	石川　鉄郎(中央大学教授) 藤木　潤司(龍谷大学教授) 菅野　浩勢(早稲田大学准教授) 中村　英敏(中央大学准教授)	
	商業簿記・会計学下巻	渡部　裕亘(中央大学名誉教授) 片山　　覚(早稲田大学名誉教授) **北村　敬子**(中央大学名誉教授)	北村　敬子	石川　鉄郎(中央大学教授) 小宮山　賢(早稲田大学教授) 持永　勇一(早稲田大学教授) 藤木　潤司(龍谷大学教授) 中村　英敏(中央大学准教授) 小阪　敬志(日本大学准教授)	
	工業簿記・原価計算上巻	**岡本　　清**(一橋大学名誉教授 東京国際大学名誉教授) **廣本　敏郎**(一橋大学名誉教授)	廣本　敏郎	鳥居　宏史(明治学院大学名誉教授) 片岡　洋人(明治大学教授) 藤野　雅史(日本大学教授)	
	工業簿記・原価計算下巻	**岡本　　清**(一橋大学名誉教授 東京国際大学名誉教授) **廣本　敏郎**(一橋大学名誉教授)	廣本　敏郎	尾畑　　裕(明治学院大学教授) 伊藤　克容(成蹊大学教授) 荒井　　耕(一橋大学大学院教授) 渡邊　章好(東京経済大学教授)	
2級	商業簿記	**渡部　裕亘**(中央大学名誉教授) 片山　　覚(早稲田大学名誉教授) 北村　敬子(中央大学名誉教授)	渡部　裕亘	三浦　　敬(横浜市立大学教授) 増子　敦仁(東洋大学准教授) 石山　　宏(山梨県立大学教授) 渡辺　竜介(関東学院大学教授) 可児島達夫(滋賀大学准教授)	
	工業簿記	岡本　　清(一橋大学名誉教授 東京国際大学名誉教授) **廣本　敏郎**(一橋大学名誉教授)	廣本　敏郎	中村　博之(横浜国立大学教授) 簗本　智之(小樽商科大学教授) 挽　　文子(元一橋大学大学院教授) 諸藤　裕美(立教大学教授) 近藤　大輔(立正大学准教授)	
3級	商業簿記	渡部　裕亘(中央大学名誉教授) **片山　　覚**(早稲田大学名誉教授) 北村　敬子(中央大学名誉教授)	片山　　覚	森田　佳宏(駒澤大学教授) 川村　義則(早稲田大学教授) 山内　　暁(早稲田大学教授) 福島　　隆(明星大学教授) 清水　秀輝(羽生実業高等学校教諭)	

ま　え　が　き

　本書は，日本商工会議所と各地商工会議所が共催で実施している簿記検定試験のうち，2級工業簿記のテキストとして書かれたものです。2013年には，1998年改訂以来，15年振りの改訂を行い，その後，継続的に毎年必要な改訂を行っております。15年振りの全面改訂の主目的は，近年における出題傾向も反映させながら内容を最新のものにすることはもちろんですが，読者が楽しく学習できるように，またわかりやすく，かつ大学でも安心して使えるしっかりとした内容のテキストにすることでした。

　『検定簿記講義』は，1956年の初版刊行以来，他の類書とは一線を画して，検定試験に合格することだけを目指すのではなく，真に簿記会計の基礎を体得してもらうことを目指して執筆されてきました。2022年には，ネット試験を含む新しい試験制度への対応を目的とした改訂を行いました。その志は変えることなく，しかしながら，教育の現場や読者の方々から寄せられた要望をできるだけ取り入れて，イラストも用いながら，これまで以上にわかりやすく説明することに努めました。本書が，受験者の独習用あるいは大学や高校の簿記会計教育のテキストないし参考書として広く利用されることを願っています。

　日商簿記検定試験について，少し説明しておきましょう。日商の簿記検定制度が発足したのは1954年（昭和29年），70年前のことです。以来，この簿記検定制度は広く社会に受け入れられ，2020年12月から「ネット試験方式」，2021年7月からは「団体試験方式」を新たに施行したことでさらに受験者総数が増えています。この制度がわが国における簿記会計の水準を高めることに多大の貢献をしてきたことは万人の認めるところです。また，そうした簿記会計の知識が広く中小企業にも普及して，わが国の経済発展の基礎になったということも評価されてよいでしょう。類似の競合する簿記検定試験が行われる中にあって，日商の検定試験が社会的に最も高い評価を受けているのも，そうしたこれまでの実績があるからなのです。

1

日商簿記の2級に合格することは，1級合格への大事なステップです。しかし2級合格は，それ自体大きなメリットがあります。2級に合格し，2級のライセンスを得た人は，会計主任クラスの商業簿記および工業簿記（初歩的な原価計算を含む）を身につけている人材として，社会から高く評価されます。また，1級に限らず，2級でも，大学・短大の推薦入試などにおいて高い評価を受けることが少なくありません。

　本書の使い方ですが，各章冒頭の〔学習のポイント〕で，その章で何を学習するのかを確認し，しっかりと心構えをしてから，本文に進んでください。本文では基本的に，個々の内容ごとにやさしく解説したうえで，〔例題〕→〔解答へのアプローチ〕→〔例題解答〕→〔基本問題〕→〔応用問題〕という構成を採用しています。また，「基本word」と「応用word」を解説しています。前者は，基本的な用語について本文の補足的解説を行ったもの，後者は，差し当たって2級受験のためには必ずしも必要でないが，学習上参考になる事柄を解説したものです。これらによって理解を深めてから，自分自身で練習問題（基本問題と応用問題）を解いてみてください。解答用紙は中央経済社のサイト「ビジネス専門書Online」からダウンロードできます。以上のことを繰り返すことによって，大きな学習効果が期待されるでしょう。

　読者の皆様には，本書を活用して，1人でも多く2級の検定試験に合格し，さらに1級の検定試験に挑戦されることを，また，社会の各方面で活躍されることを，編著者一同，心から願っています。

　2024年2月

編　著　者

本書の使い方

当社ホームページの「ビジネス専門書 Online」から，基本
問題／応用問題の解答用紙がダウンロードできます。
また，本書に関する情報も掲載しておりますので，ご参照く
ださい。

「簿記講義」で検索！

簿記講義　　　　　　　　　　　検索

本書の使い方

1.「学習のポイント」でざっくり内容をつかむ

まずは各章のはじめにある「学習のポイント」を読んで全体像を把握しましょう。ここでは，各章の内容が簡単にまとめられています。

> (学習のポイント)
>
> この章では，工業簿記とは何かについて学びます。工業簿記を適切に行うためには，原価計算が必要になります。工業簿記とは何か，原価計算とは何か，原価とは何かについて理解します。

2. 本文を読み込む

次は本文を読んでいきましょう。本書は数ある日商簿記検定試験のテキストの中でも，検定試験を熟知した著者が丁寧に解説したテキストです。本文をしっかり読み込むことで，1級などの上位級にもつながります。一度読んでわからない箇所は，繰り返し読み込むことが重要です。

3. 簿記特有の単語は「基本word」「応用word」でチェック

簿記では日常生活ではなじみのうすい単語や、専門用語が出てきます。これらは「基本 word」「応用 word」として解説しています。

応用word

★完全工業簿記と商的工業簿記
工業簿記を適切に実施するためには原価計算から得られる
に組み込む必要があります。このように原価計算と有機的に結合している工
業簿記を，完全工業簿記といいます。本書で扱うのはこの完全工業簿記です。

> 「この単語は何だっけ？」というときには，巻末の索引を使いましょう。

4. 例題で理解度を確認

例題は確認問題です。学んだことが理解できているか確認しましょう。「解答へのアプローチ」には，問題の解き方やヒントが書かれています。最初は解答へのアプローチを見ながら解いてもかまいません。

5．練習問題でステップアップ

　例題で理解を深めたら，練習問題にチャレンジ！　練習問題は「基本問題」と「応用問題」の２段階。まずは自力で解いてみて，その後に巻末の解答と照らし合わせましょう。

　なお，解答用紙は当社のホームページ（https://www.chuokeizai.co.jp）から無料でダウンロードすることができます（下記参照）。問題を繰り返し解くことで，実力が身につきます。

●超簡単！　【解答用紙】無料ダウンロード方法

① 　当社ホームページから「ビジネス専門書 Online」をクリックして，書籍検索欄に「簿記講義」と入力。

② 　「簿記講義」シリーズの一覧が出てきますので，本書の画像をクリック

③ 　「担当編集者コメント」欄にある解答用紙へのリンクをクリック

簿記講義シリーズへは，こちらの二次元コードからアクセスできます。

6．総合模擬問題で試験対策

　検定試験合格へ向けて，本試験レベルの問題にチャレンジしてみましょう。本書には３回分の総合模擬問題が収録されていますので，実際に解いてみて自己採点することで試験対策をしましょう。

7．さらに実戦力をつけるには

　姉妹書の問題集『検定簿記ワークブック２級工業簿記』がオススメです。問題を数多く解くことで，スピードと正確性が高まります。

8. 最新情報は「会計人コースWeb」でチェック！

　会計関連資格の合格を目指す方のための Web サイト「会計人コース Web」では，日商簿記検定試験の試験範囲や試験対策，開催予定などの最新情報をフォローしています。日商簿記２級合格に向けた情報や，日商簿記１級に進む際に参考になるコンテンツを紹介しています。また，公認会計士試験，税理士試験等の国家試験に挑戦する際にも役立つ情報が満載です。

　ぜひチェックしてみてください！

「会計人コース
Web」へは，こ
ちらの二次元
コードからアク
セスできます。

　簿記は反復学習が重要です。最初はわからなくても繰り返し解くことや，さまざまなパターンの問題を解くことが理解につながります。

　さあ，早速ページをめくって簿記の勉強を始めましょう！

第 1 章

工業簿記とは何か

学習のポイント

　この章では，工業簿記とは何かについて学びます。工業簿記を適切に行うためには，原価計算が必要になります。工業簿記とは何か，原価計算とは何か，原価とは何かについて理解します。

➡工業簿記とは

　製造業を営む企業（製造企業）の簿記です。その特徴は，製造企業の外部活動のみならず，内部で行われる製造活動（内部活動）を複式簿記の原理にもとづいて記録・計算を行うことです。

➡原価計算とは

　製造活動などの活動に消費される資源の消費額である原価発生額を測定し，さらに原価発生額を製品などの原価計算対象に集計することによって，合理的な企業活動に不可欠な情報を提供します。製造業のみならずサービス業でも採用されています。

➡原価とは

　企業が特定の目的を達成するために行う企業活動上，犠牲にされる経済的資源の，貨幣による測定額のことです。

1 製造企業における経営活動の特徴 ……………………

　「簿記」というと，まず商業簿記から学ぶことになりますが，商業簿記は商品売買を行う企業の簿記です。商品売買業では，企業の外部から商品を仕入れる**購買活動**，仕入れた商品を企業の外部に売り渡す**販売活動**を行います。これらの活動は，いずれも企業の外部者に対しての活動ですから，外部活動ともいいます。

これに対して，製造企業における**経営活動**には，外部活動に加え，企業内部で行う**製造活動**などが加わります。製造企業では，企業外部から機械や原材料を購入したのち，それを製品製造のために消費します。

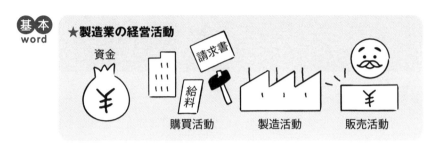

2　工業簿記と原価計算 ･････････････････････････････････････

　工業簿記の特徴は，製造活動から生じた取引の記録・計算を行うことです。工業簿記を適切に行うためには，**原価計算**が必要となります。工業簿記では，企業内部で行われる製造活動を記録・計算の対象とするからです。原価計算によって，製品製造のために消費される経済的資源の消費額が計算されます。その消費額が部門別，さらには製品別に集計されることになります。

★完全工業簿記と商的工業簿記

　工業簿記を適切に実施するためには原価計算から得られる数値を複式簿記に組み込む必要があります。このように原価計算と有機的に結合している工業簿記を，**完全工業簿記**といいます。本書で扱うのはこの完全工業簿記です。

　しかしながら原価計算にはコストがかかるので，中小企業の中には原価計算を行わない工業簿記を採用している企業も少なくありません。この工業簿記を**商的工業簿記**（または不完全工業簿記）といいます。商的工業簿記では，製造活動によって生じる資源の消費を直接に把握せず，期末に実地棚卸によってその資源の変動を間接的に把握します。

　企業は，経営活動上さまざまな経済的資源（たとえば，原材料，労働力，電力，機械・設備など）を消費しますが，このような経済的資源の消費額を**原価**といいます。原価が生じるのは，製造業であれば部品や製品を製造するためです。原価は部品や製品というアウトプットを製造するために発生したわけですから，原価計算では，どれだけの原価を投入し，その結果，どれだけの製品を製造できたかを記録・計算します。

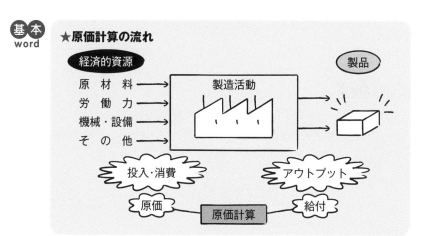

　詳しくは第7章で説明しますが，製造業においては，たとえば，鋳造部門，鍛造部門，機械加工部門などの部門が設けられています。各部門において特定のアウトプットを得るために製造活動に経済的資源が投入・消費されます。したがって，原価計算はこうした部分，部門活動を計算単位として，原価を給付との関係において計算します。

応用word

★給付
　原価計算は製品の原価のみを計算対象としているわけではありません。投入・消費された経済的資源は，部門活動としての部門給付，製造途中の製品（これを**仕掛品**といいます）としての給付などに価値を移転させていきます。原価は，製品や部門など給付単位別に把握されるわけです。

例題1－1

　次の文の（　）のなかに適当な用語を入れなさい。

(1) 商品売買業の活動は，購買活動と（　ア　）に分けられますが，製造業の活動は，購買活動・（　イ　）および（　ア　）に分けられます。これらの活動のうち，購買活動と（　ア　）は，企業の外部に対して行う活動であるため（　ウ　）ともいいます。これに対して，（　イ　）は企業の内部で行うため（　エ　）ともいいます。

(2) 製造業に適用される簿記を（　オ　）といい，製造活動を記録・計算して製造原価を算出する手続を（　カ　）といいます。なお，（　カ　）と有機的に結合して行われる（　オ　）は（　キ　）とよばれます。

解答へのアプローチ

　製造業の経営活動にはどのような活動があるか，それと工業簿記はどのような関係にあるか，また工業簿記と原価計算はどのような関係にあるかを理解しましょう。

［解　答］

(ｱ) 販売活動　　(ｲ) 製造活動　　(ｳ) 外部活動　　(ｴ) 内部活動

(ｵ) 工業簿記　　(ｶ) 原価計算　　(ｷ) 完全工業簿記

3 原価計算

原価とは，特定の目的を達成するために，犠牲にされる経済的資源の，貨幣による測定額をいいます。

製品の製造に要する原価を**製造原価**といいます。製造業においては，製造原価以外にもさまざまな原価が発生しています。製品の販売に要する原価を**販売費**といいます。また，製造と販売とのいずれにも分けられない管理費（たとえば，社長の給料）を，**一般管理費**といいます。製造原価，販売費及び一般管理費のすべてを合計すると，**総原価**となります。なお，販売費と一般管理費を**営業費**とよびます。これについては，第15章で学びます。

応用word

★原価

原価は，正常な状態のもとにおける経営活動を前提として把握された価値の消費額です。これを原価の正常性要件とよびます。なお，この要件を満たさない原価は「非原価」とよばれます。非原価は，異常な状態を原因とする価値の減少額です。

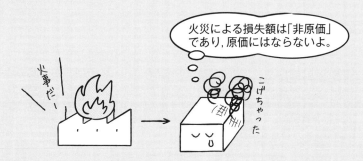

また，原価は経済的価値のある資源を消費したときに発生するので，経済的価値のある資源を購入しても，それを消費しなければ原価とはなりません。

❶ 製造原価の基礎的分類

(1) 形態別分類

製造原価をその発生形態によって分類すると，材料費，労務費，経費という3種類のもっとも基礎的な原価に分けられます。これは何を消費することによって発生したかによる分類です。本書では，第3章で材料費計算，第4章で労務費計算，第5章で経費計算を取り上げます。

(2) 製品との関連における分類

製造原価は，生産された一定単位の製品との関連で，その発生が直接的に認識されるか否かにより，**製造直接費**と**製造間接費**とに分類されます。

製造直接費は生産された一定単位の製品に直課されます。製造間接費は，適切な配賦基準により，生産された一定単位の製品に配賦されます。製造間接費の配賦については第6章で学びます。

(3) 操業度との関連における分類

原価は**操業度**ないし**営業量**（経営活動の量のこと，業務量ともいいます）との関連において，**変動費**と**固定費**に分類することができます。変動費と固定費については第11章から第13章で学びます。

例題1－2

次のうち製造原価となるものをあげなさい。

(1) 機械の減価償却費　　(2) 工場機械の購入額　　(3) 工場従業員の募集費

(4) 工場従業員の賃金　　(5) 火災による損失　　(6) 役員の賞与金

(7) 材料の消費額　　(8) 工場の土地購入代金

(9) 工場従業員の英会話レッスン料

😊 解答へのアプローチ

(2)はまだ消費されていないので原価ではありません。固定資産です。(5)は特定の目的を達成するために資源犠牲が生じたわけではないので原価ではありません。(6)は一般管理費，(8)はそもそも資源が消費されないので原価ではありません。固定資産です。

[解　答]‥‥‥‥‥‥‥‥‥‥‥‥‥‥‥‥‥‥‥‥‥‥‥‥‥‥‥‥‥‥‥‥‥‥

(1), (3), (4), (7), (9)

例題1－3

次の算式を完成しなさい。

(1) 総原価＝（　ア　）＋販売費＋一般管理費

(2) （　ア　）＝（　イ　）＋（　ウ　）

(3) （　イ　）＝直接材料費＋直接労務費＋直接経費

(4) （　ウ　）＝（　エ　）＋（　オ　）＋（　カ　）

(ツ) **解答へのアプローチ**

　総原価と非原価の違いをしっかり理解してください。総原価には製造原価と販売費と一般管理費が含まれます。製造直接費ならびに製造間接費はさらに形態別分類を用いて分類されます。そこにどのような費目が含まれるかについては，後の章を読んで確認しましょう。

[解　答]‥‥‥‥‥‥‥‥‥‥‥‥‥‥‥‥‥‥‥‥‥‥‥‥‥‥‥‥‥‥‥‥‥‥

(ア)　製造原価　　　(イ)　製造直接費　　(ウ)　製造間接費

(エ)　間接材料費　　(オ)　間接労務費　　(カ)　間接経費

---

❷ 原価計算の目的

　企業の経営者は，公表財務諸表を作成するために原価計算の提供する情報を必要としています。しかし原価計算の目的はそれだけではありません。原価管理，製品の価格決定に必要な原価資料の提供，あるいは経営意思決定のためにも原価計算の情報を必要としています。

❸ 原価計算期間

　原価計算においては，上記の目的を達成するために，通常1カ月をもって計算期間を設定しています。この期間を**原価計算期間**といいます。

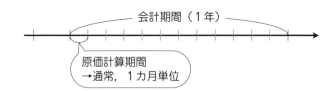

会計期間（1年）

原価計算期間
→通常，1カ月単位

次の ▢ の中に適切な用語を記入しなさい。

総原価＝製造原価＋ ①

営業費＝ ② ＋ ③

製造原価＝製造直接費＋ ④

④ ＝間接材料費＋間接 ⑤ ＋間接経費

➡ 解答は226ページ

次の①〜⑧の中から，正しいものをすべて選びなさい。

① 素材費は，製造直接費である。

② 買入部品費は，製造間接費である。

③ 製造機械の減価償却費は，製造直接費である。

④ 工場の食堂設備の減価償却費は，製造間接費である。

⑤ 工場長の給料は，製造直接費である。

⑥ 工場の守衛の給料は，製造間接費である。

⑦ 工場の食堂の従業員の給料は，製造間接費である。

⑧ 工場の製造部門で使用する黒板やチョークの消費額は，製造直接費である。

➡ 解答は226ページ

第2章 工業簿記のしくみ

学習のポイント

　この章では工業簿記のしくみとして，工業簿記の勘定科目とその記入法，帳簿組織，決算と財務諸表について学びます。

➡工業簿記特有の勘定

　製品，半製品，仕掛品，材料，賃金・給料，経費，製造間接費，製造部門費などの諸勘定があります。

➡各勘定への振替え

　工業簿記では，製造活動が進むにつれて，材料勘定，賃金・給料勘定，経費勘定から，仕掛品勘定と製造間接費勘定への振替え，製造間接費から仕掛品勘定への振替え，仕掛品勘定から製品勘定への振替えが行われます。

➡月次決算

　工業簿記では，通常，月次決算が行われます。

➡製造原価明細書の作成

　工業簿記では，損益計算書の売上原価における当期製品製造原価について，その内訳を記載した**製造原価明細書**（製造原価報告書）が作成されます。

1 工業簿記の勘定科目とその記入法 ....

商業簿記にはない，工業簿記特有の勘定として，次の諸勘定があります。

製品，半製品，仕掛品，材料，賃金・給料，経費，製造間接費，製造部門費などの諸勘定

9

★仕掛品

加工中，つまり製造の途上にあるものを仕掛品といいます。原価計算期間は１カ月ですが，月末までにすべての製品が完成するとは限りませんので，月末に仕掛品が残ります。

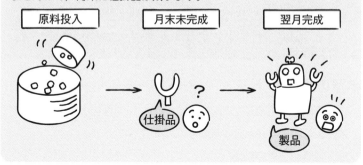

❶ 材料勘定の記入法

材料勘定の記入は，一般的に次のようになります。

材 料	
前 月 繰 越	当月消費高
当月仕入高	次 月 繰 越

材料勘定は，素材勘定，買入部品勘定，燃料勘定，工場消耗品勘定，消耗工具備品勘定などを総称する勘定です。当月消費高のうち，直接材料費（たとえば，素材勘定と買入部品勘定）は仕掛品勘定の借方に，間接材料費（たとえば，燃料勘定，工場消耗品勘定，消耗工具器具備品勘定）は製造間接費勘定の借方に振り替えます。詳しくは，第３章で学びます。

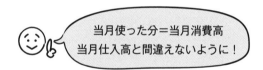

当月使った分＝当月消費高
当月仕入高と間違えないように！

❷ 賃金・給料勘定の記入法

賃金・給料勘定の記入は，一般的に次のようになります。

賃 金 ・ 給 料

当月支払高	前 月 繰 越
	当月消費高
次 月 繰 越	

　賃金・給料支払いの対象となる期間（給与期間）とその消費額を計算する期間（原価計算期間）は通常一致しません。原価計算期間は暦日の1カ月，月末締切であるのに対して，給与計算期間はしばしば先月の21日から当月の20日まで（20日締切）で，給与の支払いは25日に行われるからです。毎月末には当月の未払賃金（21日から月末までの分）が借方に次月繰越として計上されることになります。当月の未払賃金は次月に前月繰越として貸方に計上され，25日に支払われます。

　当月消費高のうち直接労務費は仕掛品勘定の借方に，間接労務費は製造間接費勘定の借方に振り替えます。

❸ 経費勘定の記入法

経費勘定の記入は，一般的に次のようになります。

経 　 費

支払高または発生高	当月消費高

　当月消費高のうち，直接経費（たとえば外注加工賃）は仕掛品勘定の借方に，間接経費（たとえば減価償却費）は製造間接費勘定の借方に振り替えます。

❹ 製造間接費の記入法

製造間接費の記入は，一般的に次のようになります。

製 造 間 接 費

間接材料費	
間接労務費	予定配賦額
間 接 経 費	

　当月の間接材料費，間接労務費，間接経費の実際消費額は借方に，製造間接費の予定配賦額は貸方に記入します。実際消費額の仕訳はたとえば次の通りです。

(1)　補助材料15,000円を消費した。

（借）　製 造 間 接 費　　　15,000　（貸）　補 助 材 料 費　　　15,000

(2)　工場設備の減価償却費30,000円を間接費として計上した。

（借）　製 造 間 接 費　　　30,000　（貸）　減 価 償 却 費　　　30,000

　なお，製造間接費貸方の予定配賦額は仕掛品勘定の借方に振り替えます。予定配賦については第6章で説明します。

❺ 仕掛品勘定の記入法

　原価計算期間は通常1カ月ですが，月末にすべての製品が完成するわけではありません。加工途中の未完成品があるのが通常です。これを**仕掛品**といいます。仕掛品勘定の記入は，一般的に次のようになります。

仕 　 掛 　 品

前 月 繰 越	
直接材料費	当月完成高
直接労務費	
直 接 経 費	
製造間接費予定配賦額	次 月 繰 越

仕掛品勘定の借方には，前月繰越（前月末の仕掛品有高）に加えて，当月製造費用，すなわち製造直接費発生額と製造間接費予定配賦額が，貸方には，完成高と次月繰越（当月末の仕掛品有高）が記入されます。当月完成高は**製品勘定**の借方または**半製品勘定**の借方に振り替えられます。

★半製品

　未完成品であるので製品ではありません。半製品は仕掛品と同様に未完成品ですが，仕掛品は加工の途中，工程の途中にあり，そのままでは企業外部へ販売できません。それに対して，半製品はそのまま企業外部へ販売できます。

❻ 製品勘定の記入法

製 品		
前 月 繰 越	売 上 原 価	
仕 掛 品		
	次 月 繰 越	

　製品勘定の借方には仕掛品勘定から振り替えられた完成品の製造原価と前月繰越（前月末の製品有高）が記入されます。貸方には売上製品の製造原価を記入し，**売上原価勘定**の借方に振り替えます。また，次月繰越（当月末の製品有高）を記入します。

❼ 月次損益勘定の記入法

　工業簿記では**月次決算**を行うのが通常であり，**月次損益勘定**が設けられることがあります。月次損益勘定の記入は，一般的に次のようになります。

月 次 損 益

売 上 原 価	
販売費及び一般管理費	売　　　上
営 業 利 益	

　この勘定で算出される営業利益は毎月末に年次損益勘定の貸方に振り替えられ，会計期間末まで累積されていきます。

例題2－1

　次の資料にもとづいて，材料勘定，仕掛品勘定，製品勘定の（　）内に適切な金額を記入し，勘定連絡図を完成しなさい。

[資　料]··

①	素材月初有高	3,600円	②	仕掛品月初有高	9,600円
③	製品月初有高	23,000円	④	素材当月仕入高	33,600円
⑤	素材月末有高	6,000円	⑥	仕掛品月末有高	13,000円
⑦	製品月末有高	15,000円	⑧	直接労務費	25,200円
⑨	直接経費	24,000円	⑩	製造間接費予定配賦額	18,000円

材　　料

前月繰越（　　　　）	直接材料費（　　　　）
当月仕入高（　　　　）	次月繰越（　　　　）
（　　　　）	（　　　　）

仕　掛　品

前月繰越（　　　　）	完　成　高（　　　　）
直接材料費（　　　　）	次月繰越（　　　　）
直接労務費（　　　　）	
直接経費（　　　　）	
製造間接費（　　　　）	
（　　　　）	（　　　　）

製　　品

前月繰越（　　　　）	売上原価（　　　　）
完　成　高（　　　　）	次月繰越（　　　　）
（　　　　）	（　　　　）

14

😊 解答へのアプローチ

　工業簿記では**勘定連絡図**を理解してそこに書き込んでいけば，月次損益計算までスムーズに進むことができます。各勘定の借方と貸方には何が記入されるか，どの勘定からどの勘定に振り替えが行われるかを確認してください。

［解　答］

2 帳簿組織

　工業簿記に特有の統制勘定と補助元帳には，次のようなものがあります。

　統制勘定には合計記録が記入され，補助元帳には内訳記録が記入されます。

例題2-2

　次の取引の仕訳をしなさい。なお，当工場では製造間接費勘定を統制勘定として用い，別に製造間接費元帳を設けてその内訳を記入している。

(1) 当年度の修繕費が264,000円と予想されるので，この12分の1を当月分として修繕引当金に計上する。

(2) 当月中に賃借した機械装置の賃借料は90,000円で，請求書を受け取り，

間接費として計上した。

(3) 事務用消耗品の当月消費額を棚卸計算法によって測定したところ80,000円であった。

(4) 工場建物の減価償却費の年間発生見積額が2,220,000円であるので，その月割額を間接費として計上する。

😊 解答へのアプローチ

　工業簿記に特有の統制勘定と補助元帳の中から製造間接費についての理解を問う問題です。

[解　答]……………………………………………………………………

(1)	(借)	製 造 間 接 費	22,000	(貸)	修 繕 引 当 金	22,000
(2)	(借)	製 造 間 接 費	90,000	(貸)	未 　 払 　 金	90,000
(3)	(借)	製 造 間 接 費	80,000	(貸)	事 務 用 消 耗 品	80,000
(4)	(借)	製 造 間 接 費	185,000	(貸)	減 価 償 却 累 計 額	185,000

3 工業簿記の決算と財務諸表 ……………………………………

　決算手続は基本的に商業簿記と同様ですが，工業簿記では**月次決算**を行うのが通常です。

　工業簿記で作成される財務諸表には，貸借対照表と損益計算書に加えて，損益計算書の当期製品製造原価についてその内訳を記載した製造原価明細書があります。

❶ 貸借対照表

　製造業の貸借対照表には，材料，仕掛品，製品などの棚卸資産，機械や設備など製造活動で使われる固定資産が計上される点が商業とは異なります。工業簿記では月次決算を行いますが，月次の貸借対照表は必ずしも作成されません。

❷ 損益計算書と製造原価明細書

商業と製造業の損益計算書の例は，次のとおりです。

損益計算書（商業）
売上高
売上原価
商品期首棚卸高
当期商品仕入高
合計
商品期末棚卸高
商品売上原価
売上総利益
販売費及び一般管理費
営業利益

損益計算書（製造業）
売上高
売上原価
製品期首棚卸高
当期製品製造原価
合計
製品期末棚卸高
製品売上原価
売上総利益
販売費及び一般管理費
営業利益

　比較のために，製造業の中でも自社で製造した製品の販売のみを行っている企業の損益計算書を例示しました。製造業であっても，商品を仕入れてそれを加工せずそのまま販売している場合には，商業と同様に商品の売上原価も計上されます。つまり，製造業と商業の違いは，製品の売上原価を表示する点に求められます。

　製品は企業内部・外部で行われる製造活動の結果，完成します。製造活動でどのような資源がいくら消費された結果製品が完成したのか，当期製品製造原価についてその内訳を明らかにする必要があります。そこで**製造原価明細書**が作成されます。財務諸表等規則では，これを損益計算書に添付することを求めていましたが，平成26年3月に公布・施行された「財務諸表等の用語，様式及び作成方法に関する規則等の一部を改正する内閣府令」により，連結財務諸表においてセグメント情報を注記している場合は損益計算書に添付しなくてよいことになりました。しかし，これを理解することは大切です。

　製造原価明細書は一般に次のような様式で作成されます。製造原価明細書は仕掛品勘定の内容を表形式で作成したものであり，損益計算書の当期製品製造原価の内訳を示しています。

```
              製造原価明細書
     材料費
        期首材料棚卸高
        当期材料仕入高
        合計
        期末材料棚卸高
        当期材料費
     労務費
        賃金・給料
        …
        当期労務費
     経費
        電力料
        ガス代
        …
        当期経費
     当期総製造費用
     期首仕掛品棚卸高
        合計
     期末仕掛品棚卸高
     当期製品製造原価
```

★原価差異

　製造間接費を予定配賦した場合，予定配賦額は実際発生額と異なる場合があります。予定配賦額と実際発生額の差額を原価差異とよびます。原価差異は，直接材料費について予定価格，直接労務費について予定賃率を用いている場合にも発生する可能性があります。

例題2-3

　次に示してあるのは，当月末の総勘定元帳の記録である。この記録にもとづき，下記の損益計算書を完成しなさい。なお，原価差異は売上原価に計上する。

材　　料			
月 初 有 高	200,000	当月消費高	？
当月仕入高	800,000	月 末 有 高	230,000
	？		？

仕　掛　品			
月 初 有 高	150,000	当月完成高	？
直接材料費	？	月 末 有 高	180,000
直接労務費	？		
製造間接費	？		
	？		？

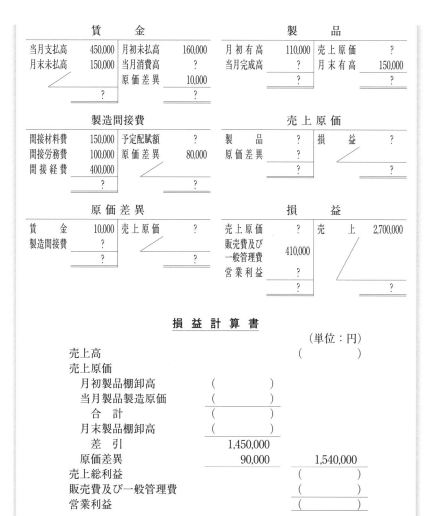

賃　　金

当月支払高	450,000	月初未払高	160,000
月末未払高	150,000	当月消費高	?
		原 価 差 異	10,000
	?		?

製　　品

月初有高	110,000	売上原価	?
当月完成高	?	月末有高	150,000
	?		?

製造間接費

間接材料費	150,000	予定配賦額	?
間接労務費	100,000	原価差異	80,000
間 接 経 費	400,000		
	?		?

売 上 原 価

製　　品	?	損　　益	?
原 価 差 異	?		
	?		?

原 価 差 異

賃　　金	10,000	売上原価	?
製造間接費	?		
	?		?

損　　益

売上原価	?	売　　上	2,700,000
販売費及び一般管理費	410,000		
営 業 利 益	?		
	?		?

損 益 計 算 書

(単位：円)

売上高		( )
売上原価		
月初製品棚卸高	( )	
当月製品製造原価	( )	
合　計	( )	
月末製品棚卸高	( )	
差　引	1,450,000	
原価差異	90,000	1,540,000
売上総利益		( )
販売費及び一般管理費		( )
営業利益		( )

☺解答へのアプローチ

　勘定連絡図を理解したうえで，勘定と損益計算書の関係を学んでください。勘定連絡図は下記のとおりです。材料および賃金の当期消費高が，仕掛品および製造間接費に振り替えられることに留意してください。

　原価差異は製造間接費勘定借方の実際発生額と貸方の予定配賦額との差である配賦差異です。この問題では直接労務費について予定賃率を用いており，賃金勘定にも原価差異（賃率差異）が計上されています。当月製品製造原価の計

19

算では製造間接費は予定配賦額で計算されていますので，予定配賦による不足額と賃率差異を原価差異として売上原価に加算します。

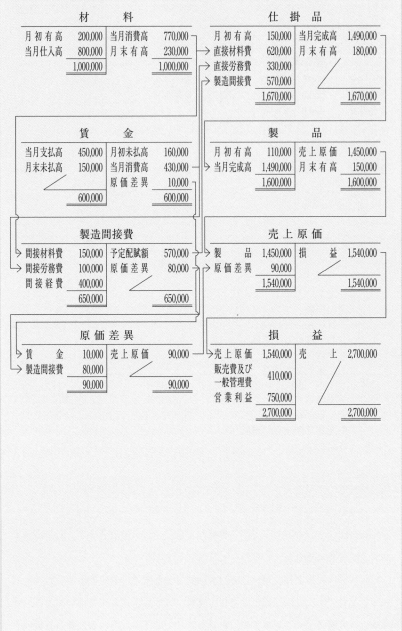

	材　　料		
月初有高	200,000	当月消費高	770,000
当月仕入高	800,000	月末有高	230,000
	1,000,000		1,000,000

	仕　掛　品		
月初有高	150,000	当月完成高	1,490,000
直接材料費	620,000	月末有高	180,000
直接労務費	330,000		
製造間接費	570,000		
	1,670,000		1,670,000

	賃　　金		
当月支払高	450,000	月初未払高	160,000
月末未払高	150,000	当月消費高	430,000
		原価差異	10,000
	600,000		600,000

	製　　品		
月初有高	110,000	売上原価	1,450,000
当月完成高	1,490,000	月末有高	150,000
	1,600,000		1,600,000

	製造間接費		
間接材料費	150,000	予定配賦額	570,000
間接労務費	100,000	原価差異	80,000
間接経費	400,000		
	650,000		650,000

	売　上　原　価		
製　品	1,450,000	損　益	1,540,000
原価差異	90,000		
	1,540,000		1,540,000

	原　価　差　異		
賃　金	10,000	売上原価	90,000
製造間接費	80,000		
	90,000		90,000

	損　　益		
売上原価	1,540,000	売　上	2,700,000
販売費及び一般管理費	410,000		
営業利益	750,000		
	2,700,000		2,700,000

[解 答]..

損 益 計 算 書

（単位：円）

売上高 （ 2,700,000）
売上原価
　月初製品棚卸高　　　　　（　　110,000）
　当月製品製造原価　　　　（　1,490,000）
　　合　計　　　　　　　　（　1,600,000）
　月末製品棚卸高　　　　　（　　150,000）
　　差　引　　　　　　　　（　1,450,000）
　原価差異　　　　　　　　（　　90,000）　（　1,540,000）
売上総利益 （　1,160,000）
販売費及び一般管理費 （　　410,000）
営業利益 （　　750,000）

基本問題 2-1

　次の資料にもとづいて，(1)直接材料費と(2)間接材料費の金額を計算しなさい。

[資　料]..

　　　買入部品費　300円　　　　　主要材料費　400円

　　　補助材料費　200円　　　　　工場消耗品費　150円

　　　消耗工具器具備品費　100円

（注）　主要材料はすべて直接材料として消費された。

⇒ 解答は226ページ

基本問題 2-2

　次の資料にもとづいて，製造原価明細書を完成しなさい。

[資　料]..

1　直接工賃金当月支払高　　　6,400,000円

2　直接工賃金月初未払高　　　1,100,000円

3　直接工賃金月末未払高　　　1,200,000円

4　直接材料当月仕入高　　　15,000,000円

5　製造間接費当月実際発生額　8,000,000円

6　製造間接費当月予定配賦額　7,500,000円

7	直接材料月初有高	1,500,000円
8	直接材料月末有高	1,800,000円
9	仕掛品月初有高	2,300,000円
10	仕掛品月末有高	2,000,000円

　直接材料の消費額はすべて直接材料費，直接工賃金の消費額はすべて直接労務費である。

製造原価明細書

（単位：千円）

直接材料費
　月初材料棚卸高　　　　　（　　　　　）
　当月材料仕入高　　　　　（　　　　　）
　　合　計　　　　　　　　（　　　　　）
　月末材料棚卸高　　　　　（　　　　　）　　（　　　　　）
直接労務費　　　　　　　　　　　　　　　　（　　　　　）
製造間接費　　　　　　　　　8,000
　製造間接費配賦差異　　　　　500　　　　　7,500
当月総製造費用　　　　　　　　　　　　　　（　　　　　）
月初仕掛品原価　　　　　　　　　　　　　　（　　　　　）
　　合　計　　　　　　　　　　　　　　　　（　　　　　）
月末仕掛品原価　　　　　　　　　　　　　　（　　　　　）
当月製品製造原価　　　　　　　　　　　　　（　　　　　）

⇒ 解答は226ページ

基本問題 2-3

　次の資料にもとづき，仕掛品勘定および損益計算書を作成しなさい（単位は千円）。ただし，製造間接費の予定配賦から生ずる原価差異は，売上原価に課するものとする。

[資　料]……………………………………………………………………

（単位：千円）

1	直接工賃金支払高	1,500
2	直接工賃金月初未払高	13
3	直接工賃金月末未払高	14
4	製造関係の事務職員給料当月要支払額	175
5	工場倉庫係の賃金当月要支払額	154

No.	項目	金額
6	直接材料当月仕入高	3,660
7	製造用切削油などの当月消費額	7
8	製造用設備の減価償却費	350
9	工場電力料・ガス代・水道料	214
10	製造間接費予定配賦額	1,000
11	売上高	8,500
12	販売費及び一般管理費	1,600
13	直接材料の月初・月末の在庫有高	0
14	仕掛品月初有高	400
15	仕掛品月末有高	650
16	製品月初有高	637
17	製品月末有高	548

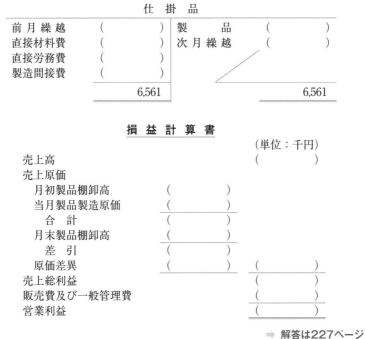

仕　掛　品

前 月 繰 越	(	)	製　　　　品	(	)
直接材料費	(	)	次 月 繰 越	(	)
直接労務費	(	)			
製造間接費	(	)			
	6,561			6,561	

損　益　計　算　書

（単位：千円）

売上高		( )
売上原価		
月初製品棚卸高	( )	
当月製品製造原価	( )	
合　計	( )	
月末製品棚卸高	( )	
差　引	( )	
原価差異	( )	( )
売上総利益		( )
販売費及び一般管理費		( )
営業利益		( )

⇒ 解答は227ページ

次の製造原価報告書にもとづいて，総勘定元帳の（　）内に適切な金額を記入しなさい。なお，当社は実際原価計算を採用しているが，直接材料費および直接労務費に関しては予定価格および予定賃率を用い，製造間接費に関しては予定配賦をしている。

[資　料]‥‥‥‥‥‥‥‥‥‥‥‥‥‥‥‥‥‥‥‥‥‥‥‥‥‥‥‥‥‥‥‥‥

製造原価報告書

(単位：円)

Ⅰ	直接材料費	7,000,000
Ⅱ	直接労務費	2,000,000
Ⅲ	直接経費	800,000
Ⅳ	製造間接費	4,200,000
	当期総製造費用	14,000,000
	期首仕掛品棚卸高	1,100,000
	合　計	15,100,000
	期末仕掛品棚卸高	900,000
	当期製品製造原価	14,200,000

材　　料

期首有高	2,000,000	消費高	（　　　）
仕入高	6,100,000	期末有高	650,000
原価差異	（　　　）		
	（　　　）		（　　　）

賃金・給料

支払高	3,000,000	期首未払高	800,000
期末未払高	（　　　）	消費高	（　　　）
		原価差異	100,000
	3,900,000		（　　　）

製造経費

各種支払高	1,600,000	消費高	3,700,000
減価償却費	（　　　）		
	（　　　）		

製造間接費

間接材料費	550,000	予定配賦額	（　　　）
間接労務費	（　　　）	原価差異	250,000
間接経費	（　　　）		
	（　　　）		（　　　）

仕　掛　品

期首有高	（　　　）	完成高	（　　　）
直接材料費	（　　　）	期末有高	（　　　）
直接労務費	（　　　）		
直接経費	（　　　）		
製造間接費	（　　　）		
	（　　　）		（　　　）

製　　品

期首有高	3,800,000	売上原価	（　　　）
完成品原価	（　　　）	期末有高	3,000,000
	（　　　）		

➡ 解答は228ページ

第 **3** 章

材料費計算

学習のポイント

　この章では，３つの原価要素のうち，材料費について学びます。材料とは何か，材料の購入の計算と記帳，および材料費の計算と記帳を理解します。

➡材料費とは

　材料や物品を消費することによって発生した製造原価です。

➡材料費の分類

　材料費は製品別にそれがどのくらい消費されたかがわかるか否かによって，直接材料費と間接材料費に分類されます。

➡材料の購入の計算と記帳

　材料費を計算する前に，まず，材料の取得原価（購入原価）を計算します。取得原価には，購入代価と引取費用のほかに，引取費用以外の材料副費の一部あるいは全部が含まれます。購入した材料は，種類別に材料元帳に記帳します。

➡材料費の計算と記帳

　材料費は，材料の種類ごとに，消費量に消費単価を乗じて計算します。消費量の計算方法としては，継続記録法，棚卸計算法，あるいは逆計算法があります。また消費単価の計算方法としては，実際価格を使う方法と予定価格を使う方法があります。材料の月末棚卸高は，材料元帳によって把握される帳簿残高と実地棚卸によって把握される実際残高が一致しない場合には，帳簿残高を実際残高に修正しなければなりません。

① 材料費の定義と分類 ……………………………………

　材料費とは，製造原価のうち，材料や物品の消費によって発生する原価です。材料費は，製品別にそれがどのくらい消費されたかがわかるか否かによって，**直接材料費**と**間接材料費**に分類します。

　さらに直接材料費は，主要材料費ないし素材費と部品費に分かれます。主要材料は切削やプレスなどの加工を行って使う材料，部品は加工せずに製品に組み付ける材料です。また，間接材料費は，補助材料費，工場消耗品費，および消耗工具器具備品費などに分類されます。補助材料は補修用の鋼材など出庫票を使用し受払記録をつけて管理すべき材料や物品，工場消耗品は，切削油のように金額的に重要でなく完全な受払記録をつけて管理する必要のない材料や物品，そして消耗工具器具備品は，耐用年数1年未満または金額にして相当額未満のため，固定資産として処理する必要のない工具（スパナ，ドライバーなど），器具（測定器具，検査器具など），備品（机，椅子，黒板など）のことです。

　なお，直接材料費は製品に**直課**（賦課ともいいます）され，間接材料費は**配賦**されます。

基本 word　★**工場内の材料と物品**

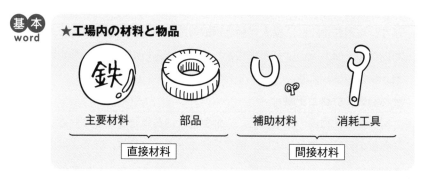

| 主要材料 | 部品 | 補助材料 | 消耗工具 |

| 直接材料 | 間接材料 |

2 材料の購入の計算と記帳 ·······················

❶ 材料の取得原価の計算

　材料の取得原価（購入原価ともいいます）は，理論的には，材料を倉庫から出庫可能な状態にするまでに要する材料関係のすべての原価で，**購入代価**（材料主費ともいいます）と**材料副費**とに大別できます。材料副費は，材料の購入手数料，引取運賃，荷役費，保険料，関税などの引取費用（外部材料副費）と，材料の購入事務，検収，整理，選別手入れ，保管などに要する費用（内部材料副費あるいは材料取扱費ともいいます）とからなります。しかし，実務上は，すべての材料副費を取得原価に算入することは困難なので，材料副費の一部を算入しないことが一般に認められています。

　『原価計算基準』では材料の取得原価の計算について，次のような方法の選択適用を認めています。

　★**材料の取得原価**
　① **取得原価＝購入代価＋引取費用**
　② **取得原価＝購入代価＋引取費用＋内部材料副費**
　　　ただし，必要があれば，②の方法において内部材料副費の一部を加算しないことができる。

　材料副費を取得原価に算入することは，原価発生額である材料副費を原価計算対象である材料に集計することに他なりません。集計のためには，直課をするのか，配賦するのか，また，実際額を集計するのか，予定額を集計するのか，さらに，配賦は一括配賦を行うのか，種類別配賦を行うのかを決定しなければならなくなります。なお，材料の取得原価に算入しない材料副費の処理方法としては，間接経費として処理する方法などがあります。

以下の資料により，すべての材料副費を取得原価に算入する場合の，当月における材料ＸとＹの単位当たり取得原価を計算しなさい。

[資　料]‥‥‥‥‥‥‥‥‥‥‥‥‥‥‥‥‥‥‥‥‥‥‥‥‥‥‥‥‥‥‥‥‥‥‥‥‥‥

① 当月における材料Ｘの購入代価は1,000,000円，購入数量は1,000単位であり，材料Ｙの購入代価は800,000円，購入数量は500単位である。

② 当月の材料ＸとＹの購入に要した外部材料副費は300,000円であり，そのうち100,000円と50,000円はそれぞれ材料ＸとＹに直課し，残りは購入数量を基準として各材料に配賦する。

③ 年間内部材料副費予定額は4,000,000円であり，購入代価を基準として各材料に配賦する。なお，年間材料購入代価予定額は20,000,000円である。

😊 解答へのアプローチ

　外部材料副費は実際発生額で，このうち一部は各材料に直課し，一部は配賦します。内部材料副費は予定発生額を配賦します。各材料への配賦額を計算するためには，配賦される総額を配賦基準総量で除して配賦率を求め，これに各材料の配賦基準量を乗じて計算します。

[解　答]‥‥‥‥‥‥‥‥‥‥‥‥‥‥‥‥‥‥‥‥‥‥‥‥‥‥‥‥‥‥‥‥‥‥‥‥‥‥

　外部材料副費の配賦

$$配賦率 = \frac{150{,}000円}{1{,}000単位 + 500単位} = 100円/単位$$

　　材料Ｘへの配賦額 ＝ 100円/単位 × 1,000単位 ＝ 100,000円

　　材料Ｙへの配賦額 ＝ 100円/単位 × 500単位 ＝ 50,000円

　内部材料副費の配賦

$$配賦率 = \frac{4{,}000{,}000円}{20{,}000{,}000円} = 0.2$$

　　材料Ｘへの配賦額 ＝ 0.2 × 1,000,000円 ＝ 200,000円

　　材料Ｙへの配賦額 ＝ 0.2 × 800,000円 ＝ 160,000円

単位当たり取得原価

　材料Xの取得原価＝1,000000円＋100,000円＋100,000円＋200,000円

　　　　　　　　　＝1,400,000円

　材料Xの単位当たり取得原価＝1,400,000円÷1,000単位＝1,400円／単位

　材料Yの取得原価＝800,000円＋50,000円＋50,000円＋160,000円

　　　　　　　　　＝1,060,000円

　材料Yの単位当たり取得原価＝1,060,000円÷500単位＝2,120円／単位

❷ 材料関係の証ひょうおよび帳簿

　材料については，その購入と消費を記帳するためにさまざまな**証ひょう**および**帳簿**が用いられます。証ひょうとしては，材料購入請求書，注文書，材料受入報告書，送り状，出庫票などがあり，帳簿としては，材料仕入帳，材料元帳，出庫材料仕訳帳などがあります。

　これらの証ひょうおよび帳簿のうち，材料の購入と検収に関わる部分は，次頁の図で示した関係にあります。この図においては，材料購入手続における内部統制の考慮から，購入請求者，購入部門，会計部門，そして検収部門がそれぞれ独立して機能し，単一の部門にすべての活動を行わせないようにしています。また，材料購入請求書，注文書，材料受入報告書および送り状の照合は，内部統制上，購入部門で行うより会計部門で行うほうが望ましいことも考慮しています。

応用word

★内部統制

　材料や物品その他を購入・使用・処分するための正当な手続や承認方法などのしくみのことです。そうしたしくみがなければ，不正な購入・使用・処分が可能となり，企業に損害をもたらします。材料の購入手続を複数の部門で牽制（けんせい）し合うように行うのは，不正を防ぐためでもあります。

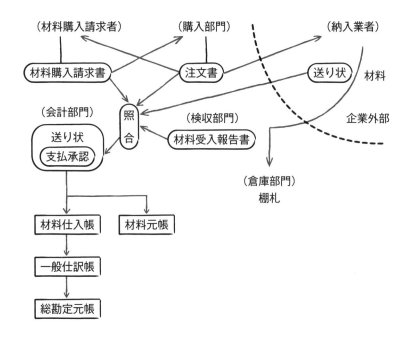

　材料を購入すると，統制勘定としての材料勘定の借方に記入します。相手
勘定は買掛金の場合が多いです。しかし，注意して欲しいのは，材料は種類
も多く購入頻度も高いので，購入の都度，一般仕訳帳で仕訳し，材料勘定に
個別転記するのではないことです。つまり，材料は購入する都度，材料仕入
帳に仕訳し，月末に普通仕訳帳に合計仕訳するとともに統制勘定の材料勘定
へ合計転記します。また，材料は購入する都度種類ごとに設けた材料元帳の
受入欄に記入します。なお，材料元帳の記入は次節で払出欄の記入とまとめ
て説明します。

3 材料費の計算と記帳 ･･････････････････････････････

❶ 材料消費量の計算

　材料費は，材料の消費量に材料の消費単価を乗じたものです。そこで，材
料費を計算するためには，その材料の消費量と消費単価を計算することが必
要になります。

30

　消費量の計算方法としては，**継続記録法**，**棚卸計算法**，あるいは**逆計算法**があります。これらのうち，原則として継続記録法で計算します。継続記録法とは，材料品目ごとに材料元帳を用意して，受入数量，払出数量をその元帳に記入し，絶えず帳簿残高を明らかにする方法であり，この方法によれば，出庫票によって，材料の実際払出量（すなわち実際消費量）が把握されます。それに対して棚卸計算法では，受入記録と期末における実地棚卸によって実際消費量を把握し，材料品目ごとに，次のように計算します。

当月の材料実際消費量＝月初在庫量＋当月仕入量－月末在庫量

　継続記録法と比較すると，棚卸計算法は，記帳事務が簡略になるという長所をもちますが，それによって把握される実際消費量には棚卸減耗分の材料も含まれてしまい，材料の期間総消費量はわかるが，何の目的でどこに使用されたかはわからない，という短所をもっています。そこで『原価計算基準』は，材料の実際消費量は原則として継続記録法によって計算し，その実施が困難な，あるいはそれほど重要でない材料について棚卸計算法を適用できるとしています。

　なお，材料消費量の把握方法として逆計算法もありますが，それは，実際消費量ではなく，次の算式によって標準消費量あるいは見積消費量を把握する方法です。この方法は，継続記録法や棚卸計算法と併用して材料消費量を管理するため，あるいは実際消費量の簡便な把握のために用いられます。

標準消費量＝製品完成量×製品１単位の製造に要する材料標準消費量

❷ 材料実際消費単価の計算

　材料消費単価は，その材料の単位当たり取得原価です。同種材料を異なる単価で受け入れた場合には，いずれの取得単位原価を用いるかが問題となり，**先入先出法**，**移動平均法**，あるいは**総平均法**のいずれかの計算方法を採用する必要があります。ただし，継続性の原則から，一度採用した計算方法を正当な理由なく変更してはなりません。

次の資料にもとづき，材料元帳への記入を，㋐先入先出法，㋑総平均法，および㋒移動平均法によって行い，当月の材料費を求めなさい。

[資　料]‥‥‥‥‥‥‥‥‥‥‥‥‥‥‥‥‥‥‥‥‥‥‥‥‥‥‥‥‥‥‥‥‥‥‥‥

　　4月1日　材料xの月初有高 ⎰ 50個　@10円　　500円
　　　　　　　　　　　　　　 ⎱ 50個　@12円　　600円

　　　　5日　仕入　　　　　　200個　@14円　2,800円

　　　15日　出庫　　　　　　250個

　　　16日　仕入　　　　　　100個　@16円　1,600円

　　　20日　出庫　　　　　　100個

　　　26日　4月20日出庫分のうち50個が倉庫に戻された。

　　なお，㋑と㋒では月初有高を　100個　@11円　1,100円とする。

😊 解答へのアプローチ

　　先入先出法は，同じ材料を異なる単価で購入した場合に帳簿記録の上で区別しておき，先に仕入れたロットから先に出庫するという仮定にもとづいて払出単価（すなわち消費単価）を計算する方法です。総平均法は，（月初有高＋当月仕入高）を（月初在庫量＋当月仕入量）で除することによって，月末に1つの平均単価を計算し，それをその月の出庫材料に対する消費単価とする方法です。また，移動平均法は，材料を購入するつど，その時点で（残高＋仕入高）を（残量＋仕入量）で除して平均単価を計算し，出庫のときは，そのとき計算されている平均単価を消費単価とする方法です。なお，現場からの戻り材料は払出欄に朱記します。戻り材料の単価については，その払出日がわかっているので，移動平均法ではその日の払出単価を用います。また，先入先出法で異なる払出単価の材料が払い出されていたとすれば，後から払い出された材料が消費されずに戻ってきたとして処理します。

[解 答]‥‥‥‥‥‥‥‥‥‥‥‥‥‥‥‥‥‥‥‥‥‥‥‥‥‥‥‥‥‥‥‥‥‥‥‥‥‥‥

(ア) 先入先出法による場合

材 料 元 帳

日付		受入			払出			残高		
		数量	単価	金額	数量	単価	金額	数量	単価	金額
4	1	繰越								
		50	10	500				50	10	500
		50	12	600				50	12	600
	5	200	14	2,800				50	10	500
								50	12	600
								200	14	2,800
	15				50	10	500			
					50	12	600			
					150	14	2,100	50	14	700
	16	100	16	1,600				50	14	700
								100	16	1,600
	20				50	14	700			
					50	16	800	50	16	800
	26				50	16	800	100	16	1,600
	30				300		3,900			
					繰越					
					100	16	1,600			
		400		5,500	400		5,500			
5	1	繰越								
		100	16	1,600				100	16	1,600

4月の材料費 = 　3,900　 円

4月26日に倉庫に戻された材料の単価は，4月20日の出庫分のうち，後から
仕入れたほうの単価を使います。

(イ) 総平均法による場合

材 料 元 帳

日付		受入			払出			残高		
		数量	単価	金額	数量	単価	金額	数量	単価	金額
4	1	繰越								
		100	11	1,100				100	11	1,100
	5	200	14	2,800				300		
	15				250			50		
	16	100	16	1,600				150		
	20				100			50		
	26				50			100		1,375
	30				300	13.75	4,125			
					繰越					
					100	13.75	1,375			
		400	13.75	5,500	400		5,500			
5	1	繰越								
		100	13.75	1,375				100		1,375

4月の材料費 =　| 4,125 |　円

　総平均法では，受入欄の合計行で月次の総受入数量と総受入金額から平均単価を計算します。この平均単価を払出欄の合計した払出単価と月末の材料の単価に使います。

(ウ) 移動平均法による場合

<h2 style="text-align:center">材 料 元 帳</h2>

日付		受入			払出			残高		
		数量	単価	金額	数量	単価	金額	数量	単価	金額
4	1	繰越								
		100	11	1,100				100	11	1,100
	5	200	14	2,800				300	13	3,900
	15				250	13	3,250	50	13	650
	16	100	16	1,600				150	15	2,250
	20				100	15	1,500	50	15	750
	26				**50**	**15**	**750**	100	15	1,500
	30				300		4,000			
					繰越					
					100	**15**	**1,500**			
		400		5,500	400		5,500			
5	1	繰越								
		100	15	1,500				100	15	1,500

4月の材料費 = | 4,000 | 円

　移動平均法では，新たに材料を受け入れるつど，残高の数量と金額から平均単価を計算し，次の払出単価とします。たとえば，4月5日に材料を受け入れたので，残高の数量は直前，つまり4月1日時点の数量100個に新たに受け入れた200個を加えて300個となり，金額は，4月1日時点の金額1,100円に新たに受け入れた2,800円を加えて3,900円となるので，平均単価は13円となります。この単価を次の払出単価とします。

❸ 材料予定消費単価の計算

　材料の消費単価では予定価格を使うこともできます。予定消費価格にもとづいた材料費は，実際単価にもとづいたものと一致せず，差額が生じることが多いはずです。この差額は，月末には材料消費価格差異として繰り延べておき，年度末に正味額を原則として売上原価に賦課します。

❹ 材料棚卸減耗損の計算

材料の消費量を継続記録法によって計算している場合，月末棚卸高は，材料元帳によって把握されるので帳簿残高を意味します。しかし，この帳簿残高は実際に存在している数量とは異なる可能性があります。そこで，**実地棚卸**によって実際残高を把握する必要があります。帳簿残高と実際残高の差額である**棚卸減耗**は，材料棚卸差額報告書で報告し，材料元帳上の帳簿残高を実際残高に修正しなければなりません。また，この棚卸減耗による金額（**棚卸減耗損**）は正常な棚卸減耗損については経費として処理されます。

他方，材料の消費量を棚卸記録法によって計算している場合は，棚卸減耗が自動的に材料の消費額に含まれてしまい判明しません。

例題3-3

材料の実地棚卸が行われ，次のような棚卸差額報告書が作成された。必要となる仕訳を示しなさい。ただし，棚卸減耗損勘定を使用すること。

棚卸差額報告書

材料	期末在庫量		帳簿残高に加算			帳簿残高より控除		
コードNo.	帳簿残高	実際残高	数量	単価	金額	数量	単価	金額
100	800個	760個				40個	25円	1,000円
101	350個	360個	10個	40円	400円			
合計					400円			1,000円
							差引	400円
							純修正額	600円

☺ 解答へのアプローチ

材料品目ごとに帳簿残高と実際残高が一致していなければ，帳簿残高を実際残高に一致させる必要があります。なお，本問の解答には直接の関連はありませんが，単に帳尻を合わせればよいと考えてはいけません。帳簿残高と実際残高が一致しない場合には，その原因を究明して関係担当者の責任を明確にすることが重要です。この際，材料の会計管理も併せて学習するのがよいでしょう。

[解答]……………………………………………………………………………………

(借) 棚 卸 減 耗 損 　600 　(貸) 材 　　　　　 料 　600

なお，この棚卸差額が，材料保管中に生じる材料の変質や蒸発など正常な原因から生じたものであって，正常な棚卸減耗損であれば，製造間接費勘定に振り替えます。盗難，火災など異常な原因によって生じた棚卸減耗損であれば，製品原価性をもたず，また異常損失であるから，損益勘定に振り替え，そして損益計算書上は特別損失の部に記入します。

❺ 材料費の記帳

材料の消費を記帳する場合，材料費勘定を設ける方法と設けない方法があります。そこで，これらを分けて勘定連絡図を作ると次のようになります。

① 材料費勘定を設ける方法

② 材料費勘定を設けない方法

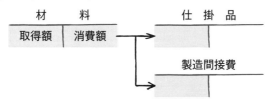

仕掛品勘定に振り替えられている材料費は直接材料費を表し，製造間接費勘定に振り替えられている材料費は間接材料費を表しています。

この仕掛品勘定と製造間接費勘定への振替は，製品別計算の章，すなわち第8，9，10章で再び扱います。

次の5月中の取引を，下の①および②に示す諸勘定にそれぞれ記入しなさい。

5月中の取引：

(ア) 材料仕入高250,000円（全額，掛仕入）

(イ) 材料払出高（消費高）220,000円。そのうち160,000円は直接材料費である。

① 材料費勘定を設ける場合

買　掛　金		材　　　料

材　料　費		仕　掛　品

		製造間接費

② 材料費勘定を設けない場合

買　掛　金		材　　　料

仕　掛　品		製造間接費

➡ 解答は228ページ

38

基本問題 3-2

次の一連の取引について仕訳しなさい。ただし，勘定科目は次の中から最も適当と思われるものを選ぶこと。

　　現金　　買掛金　　材料　　仕掛品　　製造間接費

(1)　A社より主要材料200,000円（@1,000円200個）を掛けで仕入れた。

(2)　B社より部品100,000円（@2,000円50個）を掛けで仕入れた。

(3)　C社より工場消耗品10,000円と燃料18,000円を現金で仕入れた。

(4)　製造指図書No.5の製造向けに主要材料80,000円（@1,000円80個）を払い出した。

(5)　機械の修繕のために主要材料10,000円（@1,000円10個）を払い出した。

(6)　当月の工場消耗品の消費高は7,500円であった。

➡ 解答は229ページ

基本問題 3-3

A社より材料Xを購入し，その送り状の記載価額は700,000円であった。また，引取費用が30,000円かかった。そこで，次の問に答えなさい。

(1)　この材料の取得原価はいくらか。

(2)　20,000円の現金割引を受けたとすれば，取得原価はいくらか。

(3)　さらに，50,000円の値引を受けたとすれば，取得原価はいくらか。

➡ 解答は229ページ

　A社より材料Xと材料Yを購入し，それに付随して材料副費が発生した。次の資料にもとづいて，(1)購入代価に引取費用のみを加算する場合，(2)引取費用だけでなく内部材料副費も加算する場合について，それぞれ，各材料の取得原価を計算しなさい。

[資　料]‥‥‥‥‥‥‥‥‥‥‥‥‥‥‥‥‥‥‥‥‥‥‥‥‥‥‥‥‥‥‥‥‥‥

(ア)　材料の購入額

	数量	送り状価格
材料X	400個	@100円
材料Y	600個	@150円

(イ)　引取費用発生額

　①　買入手数料

　　　材料X　　1,000円　　材料Y　　1,500円

　②　引取運賃　　10,000円

(ウ)　内部材料副費年間予定発生額

　①　購入事務費　　　1,300,000円

　②　検収費　　　　　650,000円

　③　倉庫保管費　　　325,000円

(エ)　年間の予定材料購入代価総額　　13,000,000円

(オ)　引取運賃は，購入した材料の数量を基準に実際配賦する。また，内部材料副費は一括して，購入代価を基準に予定配賦する。

➡ 解答は230ページ

基本問題 3-5

　当社は，材料仕入帳を特殊仕訳帳として使用し，月末に合計仕訳を行って総勘定元帳に転記している。次の取引を材料仕入帳に記入するとともに，月末に合計仕訳を行い総勘定元帳に転記しなさい。

(1)　6月25日，素材170,000円を掛けで仕入れた。

(2)　同29日，工場消耗品40,000円を掛けで仕入れた。

材 料 仕 入 帳

日付		摘要	借 方			元丁	貸 方	
			素材	買入部品	工場消耗品		買掛金	諸口
6	3		65,000				65,000	
	8				20,000			20,000
	15		210,000				210,000	
	21				130,000			130,000

合計仕訳

借方科目	金　額	貸方科目	金　額

総 勘 定 元 帳

素　　材　　　　　　　　　　買 入 部 品

工場消耗品　　　　　　　　　買　掛　金

➡ 解答は231ページ

　下記の材料受払の取引を，(1)先入先出法および(2)移動平均法によって計算し，それを，材料元帳の形式でそれぞれ示しなさい。

　　6月1日　残高　100単位　@10円　　16日　材料倉庫へ返還　10単位

　　　4日　払出　25単位　　　　　20日　受入　150単位　@12円

　　　10日　受入　400単位　@11円　　28日　払出　160単位

　　　14日　払出　150単位

(注)1　16日の材料倉庫へ返還した10単位は，@10円で計算すること。

(注)2　移動平均法の場合，単価は小数点以下第3位を四捨五入し，金額は小数点以下第1位を四捨五入すること。

(1)　先入先出法による場合

材　料　元　帳

日付	受入			払出			残高		
	数量	単価	金額	数量	単価	金額	数量	単価	金額

(2) 移動平均法による場合

材 料 元 帳

日付	受入			払出			残高		
	数量	単価	金額	数量	単価	金額	数量	単価	金額

➡ 解答は232ページ

3
材料費計算

　当社は，出庫材料仕訳帳を特殊仕訳帳として使用している。次の資料にもとづいて必要な仕訳を示しなさい。ただし，素材および買入部品については予定価格で払い出しており，また材料費勘定は設けていない。

[資　料]

(ア)　出庫材料仕訳帳

出庫材料仕訳帳　　　　　　（単位：千円）

日付	摘要	元丁	借　方		貸　方			
			仕掛品	製造間接費	素材	買入部品	工場消耗品	消耗工具器具備品
			470		470			
			5,280	1,110	3,950	1,340	420	680

(イ)　実際価格による材料の消費額

　素材　　　　4,270,000円

　買入部品　　1,220,000円

⇒ 解答は233ページ

　以下の勘定科目を用いて，材料消費の仕訳を示しなさい。

　　材料　　製造間接費　　仕掛品　　製品

　材料の月初有高は500kg @100円，当月仕入高は9,900kg @110円，当月払出高は10,000kg，月末有高は390kgであった。棚卸減耗は正常の数量である。払出材料の評価は先入先出法による。

⇒ 解答は234ページ

労務費計算

学習のポイント

➡労務費とは

労働力の消費によって発生した製造原価です。

➡労務費の分類

労務費は製品別にそれがどのくらい消費されたかがわかるか否かによって，直接労務費と間接労務費に分類されます。

➡労務費の証ひょうおよび帳簿

労務費は支払いと消費を記帳するために，出勤票，作業時間報告書，手待時間票，出来高報告書，給与支給帳，消費賃金仕訳帳などの証ひょうおよび帳簿が使われます。

➡支払賃金の計算

時間給制の場合は，**支払賃率×実際就業時間＋加給金**で計算され，出来高給制の場合は，**支払賃率×実際出来高＋加給金**で計算されます。

➡直接工の作業時間

勤務時間から定時休憩時間などを差し引いた就業時間から，手待時間を差し引いて計算され，直接作業時間と間接作業時間に分類されます。

➡直接工と間接工の消費賃金および給料などの計算と記帳

直接工の消費賃金は，消費賃率に作業時間を乗じて計算されます。消費賃率としては予定職種別平均賃率が望ましいです。間接工の消費賃金および給料，雑給，従業員賞与・手当などは給与計算期間と原価計算期間のずれを修正した要支払額で計算されます。労務費の記帳には，労務費勘定を用いて記帳する方法と労務費勘定を用いないで記帳する方法があります。

1 労務費の定義と分類 ……………………………………

　労務費は，製造原価のうち，労働力の消費によって発生する原価です。

　労務費は，形態別分類によると，(1)賃金，(2)給料，(3)雑給，(4)従業員賞与・手当，(5)賞与引当金繰入額，(6)退職給付引当金繰入額，(7)法定福利費（単に福利費ともいう）などに分類されます。

(1)　**賃金**…工員の労働力に対して支払われる給与

　基本賃金（基本給ともいう）と加給金からなります。加給金とは，作業に直接に関係のある手当のことで，定時間外作業手当（残業手当），夜業手当，危険作業手当，能率手当などがあります。

(2)　**給料**…職員および業務担当役員の労働力に対して支払われる給与

(3)　**雑給**…臨時工やパートタイマーの労働力に対して支払われる給与

(4)　**従業員賞与・手当**…職員，工員などの従業員に支払われる賞与・手当

　ここにいう賞与は役員賞与を含みません。また，手当とは，作業に直接関係のない手当で，扶養家族手当，住宅手当，通勤手当などがあります。

(5)　**賞与引当金繰入額**…次期に支払う従業員の賞与のうち，当期の労働力提供に対応する金額を引当処理する場合の繰入額

(6)　**退職給付引当金繰入額**…会社の退職給付規程に従って支給される退職給付に対する引当金繰入額

(7)　**法定福利費**…健康保険法，厚生年金保険法，労働者災害補償保険法，雇用保険法にもとづく社会保険料の会社負担額

　労務費は，製品別にそれがどのくらい消費されたかがわかるか否かによって，直接労務費と間接労務費に分けられます。

　工員は，職種にもとづいて，直接工と間接工に分けられます。直接工とは，製品の製造加工作業に直接従事する工員のことで，間接工とは直接作業以外の作業（間接作業）に従事する工員のことです。そして，直接工が直接作業に従事した場合の賃金が直接労務費となり，これ以外の労務費はすべて間接労務費となります。なお，直接労務費は製品に直課（賦課ともいう）され，間接労務費は配賦されます。

　従業員のための福利施設負担額や厚生費は，労務費と考えることもできますが，個人別に支払うわけではないので，経費として扱います。

　労務費の種類を整理すると次のようになります。

★工場における労務費の種類

2　賃金関係の証ひょうおよび帳簿 ………………………………

　賃金は，その支払いと消費を記帳するためにさまざまな証ひょうと帳簿が用いられます。証ひょうとしては，出勤票，作業時間報告書，手待時間票，出来高報告書，給与支給帳などが用いられ，帳簿としては，一般仕訳帳や総勘定元帳のほかに特殊仕訳帳としての消費賃金仕訳帳などが用いられます。

　賃金の支払を記帳するには，まず，従業員別に日々作成された出勤票および賃金台帳にもとづいて，給与支給帳に従業員別に，前節で説明した労務費の形態別分類ごとに記入します。ついで月末に給与支給帳から普通仕訳帳に合計仕訳し，統制勘定である賃金・給料勘定および従業員諸手当勘定に合計転記します。ただし，賃金・給料勘定と従業員諸手当勘定の借方記入額の全額を従業員に現金で支給するわけではないことに注意しなければなりません。すなわち，従業員が負担する健康保険料や所得税については，企業が預かっておき，後日企業が保険組合や税務署に支払うことになります。

資料にもとづいて，次に示す勘定科目を用いて，給与の支給に関する仕訳を示しなさい。なお，全額現金で支払った。

現金　賃金・給料　従業員諸手当　健康保険料預り金　所得税預り金

[資　料]‥‥‥‥‥‥‥‥‥‥‥‥‥‥‥‥‥‥‥‥‥‥‥‥‥‥‥‥‥‥‥‥‥‥‥‥‥

給 与 支 給 帳　　　　（単位：千円）

従業員No.	氏名	受領印	基本賃金	加給金	支払賃金	諸手当	支給総額	健康保険料	所得税	現金支給額
			4,200	1,180	5,380	620	6,000	560	470	4,970

😊解答へのアプローチ

　基本賃金と加給金の合計である支払賃金額を賃金・給料勘定で処理し，諸手当を従業員諸手当勘定で処理します。健康保険料と所得税は従業員本人が負担しますが，会社が負担額を後で保険組合や税務署に支払うことになるので，それぞれ，預り金勘定で処理します。

[解　答]‥‥‥‥‥‥‥‥‥‥‥‥‥‥‥‥‥‥‥‥‥‥‥‥‥‥‥‥‥‥‥‥‥‥‥‥‥

（借）賃 金 ・ 給 料	5,380,000	（貸）現　　　　　金	4,970,000
従 業 員 諸 手 当	620,000	健康保険料預り金	560,000
		所 得 税 預 り 金	470,000

3 支払賃金の計算 ‥‥‥‥‥‥‥‥‥‥‥‥‥‥‥‥‥‥‥‥‥‥‥‥‥

　賃金の支払方法は，時間給と出来高給制に大別されます。支払賃金は基本賃金に加給金を加えて計算しますが，時間給の場合の基本賃金は，支払賃率に実際就業時間を乗じて計算します。出来高給制の場合は，支払賃率に実際出来高を乗じて計算します。

　実際就業時間は出勤票によって把握され，実際出来高は出来高報告書に

よって把握されます。また，支払賃率は賃金台帳によって把握されます。賃金台帳は従業員1人ずつ作成されるので，支払賃率が後述の職場別平均賃率や総平均賃率とはならないことに注意してください。

★**時間給の場合の支払賃金の計算**

$$支払賃金＝\underbrace{支払賃率×実際就業時間}_{基本賃金}＋加給金$$

4 消費賃金の計算 ·····························

　支払賃金は労働力の取得原価のことですが，材料の取得原価がそのまま材料費とはならなかったように，支払賃金がそのまま消費賃金，つまり労務費とはなりません。また，直接工と間接工では，消費賃金の計算方法が異なります。

❶ 直接工の消費賃金の計算

　直接工の消費賃金は，消費賃率に作業時間を乗じて計算されます。

① 消費賃率の分類

　消費賃率は，直接工1人ひとり個別に計算するか，平均をとるかによって個別賃率と平均賃率に分かれます。平均賃率は，さらに職種ごとの平均をとるか，工場全体での平均をとるかによって職種別平均賃率と総平均賃率に分かれます。そして，それぞれの消費賃率は，実際額で計算するか，予定額で計算するかによって実際賃率と予定賃率に分かれます。これを図示すると，次の図のようになります。

★**直接工の消費賃率の種類**

消費賃率 ┬ 個別賃率 ┬ 実際個別賃率
　　　　　│　　　　　└ 予定個別賃率
　　　　　└ 平均賃率 ┬ 職種別平均賃率 ┬ 実際職種別平均賃率
　　　　　　　　　　　│　　　　　　　　└ 予定職種別平均賃率
　　　　　　　　　　　└ 総 平 均 賃 率 ┬ 実際総平均賃率
　　　　　　　　　　　　　　　　　　　　└ 予定総平均賃率

49

例題4－2

　次の資料にもとづいて，実際総平均賃率，予定総平均賃率，切削部門の実際職種別平均賃率および切削部門の予定職種別平均賃率を求めなさい。

[資　料]……………………………………………………………………………

1．当年度の直接工に関する労務費予算および予定就業時間は次のとおりである。

	基本賃金	加給金	予定就業時間
切削部門	8,000,000円	1,600,000円	12,000時間
組立部門	23,040,000円	4,320,000円	36,000時間
合計	31,040,000円	5,920,000円	48,000時間

2．当月の実際就業時間と実際消費賃金は次のとおりである。

	実際就業時間	実際消費賃金
切削部門	900時間	1,023,300円
組立部門	2,700時間	2,708,100円
合計	3,600時間	3,731,400円

😊**解答へのアプローチ**

　2つの次元，つまり実際と予定，職種別平均と総平均という次元で整理します。つまり，実際賃率は当月実際消費賃金と当月実際就業時間で計算し，予定賃率は当年度の労務費予算と予定就業時間で計算します。職種別平均賃率は，部門ごとに賃率を計算し，総平均賃率は部門合計で賃率を計算します。

[解　答]……………………………………………………………………………

　実際総平均賃率＝3,731,400円÷3,600時間＝1,036.5円/時間

　予定総平均賃率＝（31,040,000円＋5,920,000円）÷48,000時間＝770円/時間

　切削部実際職種別平均賃率＝1,023,300円÷900時間＝1,137円/時間

　切削部予定職種別平均賃率＝（8,000,000円＋1,600,000円）÷12,000時間

　　　　　　　　　　　　　　＝800円/時間

② 勤務時間の内訳

　就業時間は，出勤票によって記録された勤務時間から定時休憩時間および職場離脱時間を差し引いた時間です。就業時間は，工員の責任以外の原因に

よって作業ができない状態にある遊休の時間である**手待時間**と実際に作業を行う**実働時間**に分かれます。実働時間は，直接作業時間と間接作業時間からなり，直接作業時間は，段取時間と加工時間からなります。これを図示すると，次の図のようになります。

★**勤務時間の内訳**

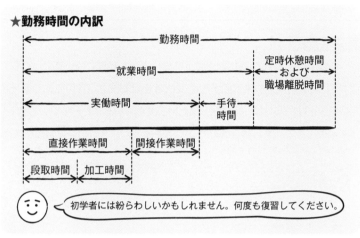

初学者には紛らわしいかもしれません。何度も復習してください。

例題4－3

　当工場では直接工の労務費の計算に予定賃率を用いている。

　当年度の予定賃率は作業1時間当たり2,000円で，当月中の直接工の実際直接作業時間数は200時間，実際間接作業時間数は20時間，実際手待時間は4時間であった。直接工に関する当月の直接労務費と間接労務費を計算しなさい。

😊 **解答へのアプローチ**

　直接工の労務費のうち，直接労務費，つまり製品に直課される部分は，直接作業時間に予定賃率を乗じた金額です。これ以外，つまり間接作業時間と手待時間の合計に予定賃率を乗じた金額は間接労務費として，製品に配賦されます。

[解　答]..

　直接労務費＝200時間×2,000円/時間＝400,000円

　間接労務費＝(20時間＋4時間)×2,000円/時間＝48,000円

❷ 間接工の消費賃金の計算

　間接工の消費賃金は，要支払額で計算します。要支払額とは，給与計算期間で計算された支払賃金を原価計算期間に対応する支払賃金に修正した金額のことです。給与計算期間と原価計算期間の時間的なずれを修正したもので，当月支払額に当月末未払額を加え，前月末未払額を引いた金額です。

　当社では，毎月25日に締め切って支払賃金を計算している。

　7月26日から8月25日までの支払賃金は1,650,000円であり，そのうち，7月26日から7月末日までの分は300,000円であった。また，8月26日から8月末日までの未払賃金は450,000円であった。8月の要支払額を求めなさい。

😊解答へのアプローチ

　公式化して無理に覚えようとするよりも，日付のタイムスケジュールを図解するほうが間違えにくいです。

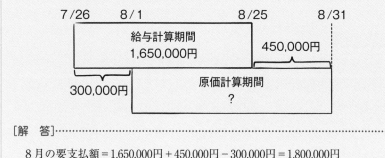

［解　答］……………………………………………………………………………
　8月の要支払額＝1,650,000円＋450,000円－300,000円＝1,800,000円

❸ 給料などの計算

　給料，雑給，従業員賞与・手当，退職給付引当金繰入額，そして法定福利費も，間接工賃金と同様に，原則として当該原価計算期間の負担に属する要支払額をもって計算します。

5 労務費の記帳 ··

労働力の消費を記帳する場合，労務費勘定（あるいは消費賃金勘定）を設ける方法と設けない方法とがあります。そこで，これらを分けて勘定連絡図を作ると次のようになります。

① 労務費勘定を設ける方法

② 労務費勘定を設けない方法

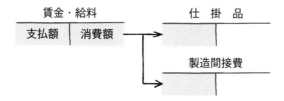

仕掛品勘定に振り替えられている労務費は直接労務費を表し，製造間接費勘定に振り替えられている労務費は間接労務費を表しています。なお，総勘定元帳に賃金・給料勘定ではなく賃金勘定が設けられる場合には，別に給料勘定が設けられることに注意してください。

この仕掛品勘定と製造間接費勘定への振替は，製品別計算の章，すなわち第8，9，10章で再び扱います。

前項の間接工の消費賃金に関する要支払額について，例題4－4に沿って賃金・給料勘定に記入すると，次のようになります。貸借差額が当月消費額の1,800,000円となります。なお，貸方の記入は当月の月初に行われる再振替仕訳を転記したものです。

賃金・給料

当月の支払額	1,650,000	前月末の未払額	300,000
当月末の未払額	450,000		

資料にもとづいて，次に示す勘定科目を用いて，予定賃率による消費賃金に関する仕訳と賃率差異に関する仕訳を示しなさい。

労務費　　賃率差異　　仕掛品　　製造間接費

[資 料]……………………………………………………………………

㋐　消費賃金仕訳帳　同仕訳帳は特殊仕訳帳として使っている。

消費賃金仕訳帳

日付	貸　方 労務費	摘　要	作業時間報告書No.	製造指図書No.	製造間接費費目No.	元丁	借　方 仕掛品	製造間接費
	5,410,000						4,370,000	1,040,000

㋑　当月実際賃金消費額　5,580,000円

解答へのアプローチ

消費賃金仕訳帳の記入より，労務費勘定から，直接労務費4,370,000円を仕掛品勘定に，そして間接労務費1,040,000円を製造間接費勘定に振り替える必要があります。また，予定賃率による消費賃金と実際消費賃金が一致せず，差異が生じているので，労務費勘定から賃率差異勘定へ振り替える必要があります。つまり，次のような勘定連絡図を考えます。

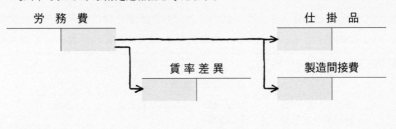

[解　答]‥‥‥‥‥‥‥‥‥‥‥‥‥‥‥‥‥‥‥‥‥‥‥‥‥‥‥‥‥‥‥‥‥‥‥‥‥

（借）	仕　掛　品	4,370,000	（貸）	労　務　費	5,410,000
	製 造 間 接 費	1,040,000			
（借）	賃 率 差 異	170,000	（貸）	労　務　費	170,000

基本問題 4－1

次の一連の取引を仕訳しなさい。ただし，勘定科目は次の中から最も適当と
思われるものを選ぶこと。

当 座 預 金　　賃金・給料　　所得税預り金　　健康保険料預り金

仕　掛　品　　製造間接費　　賃 率 差 異　　未払賃金・給料

(1)　前月21日から当月20日までの賃金総額950,000円を源泉所得税67,000円と健
　　康保険料52,000円を差し引き，小切手を振り出して支払った。

(2)　当月の直接工による労務費の消費高を計上する。直接工について，作業時
　　間票によれば，当月の実際直接作業時間は402時間，実際間接作業時間は 8
　　時間であった。当工場において適用する予定賃率は1,200円/時である。

(3)　当月の間接工による労務費の消費高を計上する。間接工について，前月賃
　　金未払高70,000円，当月賃金支払高450,000円，当月賃金未払高90,000円で
　　あった。なお，前月賃金未払高については月初に再振替仕訳を行っている。

(4)　月末に予定消費賃金と実際消費賃金との差額を賃率差異勘定に振り替える。
　　なお，当月の実際消費賃金は975,000円であった。

➡ 解答は235ページ

　次の取引を仕訳しなさい。ただし，使用する勘定科目は，下記の中から適切な科目を選択しなさい。

　　現　　　金　　仕　掛　品　　立　替　金　　預　り　金
　　賃　　　金　　未 払 賃 金　　製造間接費　　賃 率 差 異

⑴　当月初めに，前月未払賃金（7月21日〜7月31日）150,000円を，未払賃金勘定から賃金勘定へ振り替えた。

⑵　当月の賃金消費額（8月1日〜8月31日）を，予定平均賃率1時間当たり800円で計上した。直接作業時間は600時間，間接作業時間は50時間であった。

⑶　7月21日〜8月20日の支払賃金を計算し，8月25日に支払った。支給総額は520,000円で，社会保険料30,000円，立替金20,000円を控除し，残額を現金で支払った。

⑷　当月末の未払賃金（8月21日〜8月31日）は160,000円であった。そこで，これを賃金勘定から未払賃金勘定へ振り替えるとともに，賃金勘定における貸借の差額を賃率差異勘定へ振り替えた。

➡ 解答は235ページ

応用問題 **4－1**

　当社の労務費に関する下記の資料から，賃金・給料勘定の（　）内に適切な金額を記入しなさい。なお，当社では，直接工は直接作業のみに従事しており，予定賃率を用いた消費賃金で直接労務費を計算している。間接工賃金と給料については，要支払額で間接労務費を計算している。

[資　料]……………………………………………………………………………

1．給与支給帳によれば，9月21日から10月20日の賃金・給料の総額は1,734,000円であった。内訳は次のとおりであった。

　　直接工賃金　724,000円　　　間接工賃金　450,000円　　　給料　560,000円

2．作業時間票によれば，当月（10月1日～10月31日）の直接工の実際直接作業時間の合計は630時間であった。

3．賃金・給料の未払額は次のとおりであった。

	前月末未払額	当月末未払額
直接工賃金	227,900円	197,750円
間接工賃金	150,000円	135,000円
給　　料	50,000円	55,000円

4．直接工に対する予定賃率は，直接作業時間当たり1,100円である。

賃金・給料

支　払　額	（　　　　　）	前　月　未　払	（　　　　　）
当　月　未　払	（　　　　　）	消　費　額	（　　　　　）
		賃　率　差　異	（　　　　　）
	（　　　　　）		（　　　　　）

⇨ 解答は236ページ

第 **5** 章

経費計算

学習のポイント

この章では，３つの原価要素のうち，経費について学びます。経費と
は何か，および経費の計算と記帳について理解します。

➡経費とは

材料費と労務費以外のすべての原価要素であり，材料や労働力以外の
資源を消費することによって発生する原価です。

➡経費の分類

材料費や労務費と同様に，製品別にそれがどのくらい消費されたかが
わかるか否かによって，直接経費と間接経費に分類します。

➡経費の計算と記帳

経費を計算するために，支払票，納品書，請求書，月割表，測定票などを
利用します。経費の当月発生額を計算し，それが直接経費であれば仕掛
品勘定の借方に，間接経費であれば製造間接費勘定の借方に記入します。

1 経費の定義と分類 ···

　経費とは，材料費と労務費以外のすべての原価要素であり，材料や労働力
以外の資源を消費することによって発生する原価です。その主なものは次の
とおりであり，その内容は多様です。

　外注加工賃（がいちゅうかこうちん），特許権使用料，**減価償却費**（げんかしょうきゃくひ），賃借料，保険料，電力料，
ガス代，水道料，租税公課，旅費交通費，通信費，保管料，**棚卸減耗損**（たなおろしげんもうそん），
仕損費（しそんじひ），修繕費，事務用消耗品費，福利施設負担額など

★**経費となる減価償却費と一般管理費となる減価償却費**

工場建物や製品製造のために使っている機械等の減価償却費⇒経費

工場の減価償却費⇒経費

本社建物の減価償却費
⇒一般管理費

★**棚卸減耗損**

　材料の保管または運搬中に生じる破損，腐敗，蒸発などによる減耗の評価額のことであり，実地棚卸を行い，帳簿棚卸数量と実地棚卸数量を比べてその発生額を計算します。あるいは，年間の発生額を見積り，その月割額を毎月の負担額とする場合もあります。

　経費も，材料費や労務費と同様に，製品別にそれがどのくらい消費されたかがわかるか否かによって，次のように分類できます。

(1)　**直接経費**…外注加工賃，特許権使用料等

　　製品別に消費された分がわかる経費です。

(2)　**間接経費**…保険料，電力料，仕損費，修繕費等

　　製品別に消費された分がわからない経費であり，経費の多くは間接経費です。

★**外注加工賃**

　日本では，下請けを利用する関係で，外注加工賃が製造費用における代表的な原価要素になっています。外注加工賃は，材料などの加工・組立の仕事を外部の業者に委託する場合に，外注先に支払う対価のことです。外注加工賃は，製品との関連では直接経費に分類されます。

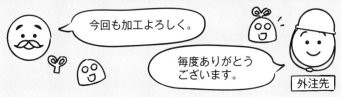

2 経費の計算と記帳 ···

❶ 経費の計算

例題5−1

　6月20日に外注加工賃1,800,000円（6月1日から6月20日分）を現金で支払ったが，5月に前払分150,000円を支払ってある。また，6月30日に当月の未払高が250,000円であることが判明した。(1)当月の外注加工賃はいくらか。(2)外注加工賃を仕掛品に計上しなさい。

😊 **解答へのアプローチ**

　支払票，納品書，請求書などにもとづき，原則として当月の支払高を発生額とするが，原価計算期末に未払高や前払高がある場合は，支払高に加減して当月の発生額を計算します。

外注加工賃

前 月 前 払	150,000	前 月 未 払	0
当 月 支 払	1,800,000	当 月 発 生 額	2,200,000
当 月 未 払	250,000	当 月 前 払	0
	2,200,000		2,200,000

[解　答] ···

(1)　当月支払高1,800,000円＋前月前払高150,000円＋当月未払高250,000円
　　＝2,200,000円

(2)　（借）仕　　掛　　品　　2,200,000　（貸）外 注 加 工 賃　　2,200,000

🈞 🈯 **word**

★無償支給と有償支給

　外注加工を行っているとしても，必ずしも外注加工賃という経費が生じるわけではありません。それが発生するのは，材料を委託業者に無償支給した場合です。材料を無償で支給するよりも有償で支給するほうが，委託業者に材料消費量の節減に関心をもたせることができます。有償支給する場合には，外注加工賃という経費は生じません。

❷ 経費の記帳

経費の勘定処理法には，経費勘定を設ける方法と経費勘定を設けない方法があります。

① 経費勘定を設ける方法

製造現場で，製品を製造するために経費を消費したときに経費仕訳帳に記入します。月末に，経費仕訳帳をもとに普通仕訳帳に合計仕訳を行い，総勘定元帳に転記します。なお，この場合，経費の勘定を用いる方法と費目別勘定を用いる方法の2つがあります。

(1) 経費勘定を用いる方法

(2) 費目別勘定を用いる方法

61

例題5-2

1月中の経費に関する次の資料にもとづいて，(1)経費仕訳帳の（　）内に金額を記入しなさい。(2)総勘定元帳に転記する場合の合計仕訳をしなさい。

[資　料]…………………………………………………………………………………
1．直接材料の月末帳簿棚卸高2,000,000円，月末実地棚卸高は1,950,000円である。
2．固定資産税は150,000円である。
3．工員用住宅，託児所など福利施設負担額は500,000円である。
4．外注加工賃は前月未払高800,000円，当月支払高2,300,000円，当月未払高700,000円である。
5．電力料は，当月支払高1,300,000円，当月発生額1,400,000円である。

(1)　経費仕訳帳

経　費　仕　訳　帳

平成X4年		費　目	借　方			貸　方
			仕掛品	製造間接費	販売費及び一般管理費	合　計
1	31	棚卸減耗損		（　　　）		（　　　）
	〃	固定資産税		100,000	（　　　）	150,000
	〃	福利施設負担額		（　　　）		（　　　）
	〃	外注加工賃	（　　　）			（　　　）
	〃	電力料		1,200,000	（　　　）	（　　　）
			（　　　）	1,850,000	250,000	4,300,000

😊解答へのアプローチ

経費仕訳帳は，経費の記帳において総勘定元帳に経費勘定を設けた場合，経費発生額を仕掛品勘定あるいは製造間接費勘定に振り替えるために用います。経費として販売費及び一般管理費に属するものが経常的に生じる場合には，経費仕訳帳の借方に販売費及び一般管理費の欄が設けられます。固定資産税，電力料について，問題文にはそれが経費なのかそれとも販売費及び一般管理費なのかが明示されていません。経費仕訳帳と問題文から各自計算します。

[解　答]

(1)　経費仕訳帳

経 費 仕 訳 帳

平成X4年		費　目	借　方			貸　方
			仕掛品	製造間接費	販売費及び一般管理費	合　計
1	31	棚卸減耗損		（　50,000）		（　50,000）
	〃	固定資産税		100,000	（　50,000）	150,000
	〃	福利施設負担額		（　500,000）		（　500,000）
	〃	外注加工賃	（2,200,000）			（2,200,000）
	〃	電力料		1,200,000	（　200,000）	（1,400,000）
			（2,200,000）	1,850,000	250,000	4,300,000

(2)　合計仕訳

（借）	仕　　掛　　品	2,200,000	（貸）	棚 卸 減 耗 損	50,000
	製 造 間 接 費	1,850,000		固 定 資 産 税	150,000
	販売費及び一般管理費	250,000		福利施設負担額	500,000
				外 注 加 工 賃	2,200,000
				電　力　料	1,400,000

② 経費勘定を設けない方法

　経費勘定を設ける方法は，仕訳と勘定記入に手間がかかります。そこで，経費に関する勘定を設けずに，直接経費は仕掛品勘定へ，間接経費は製造間接費勘定へ振り替える方法が採用されることが多くあります。

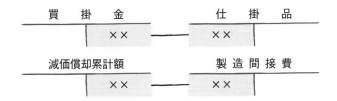

　経費勘定を設けない場合の仕訳は次のようになります。

(1) 外注先から加工品30,000円（外注加工賃）を受け入れた。

| （借） 仕　掛　品 | 30,000 | （貸） 買　掛　金 | 30,000 |

(2) 当月の工場減価償却費100,000円を計上した。

| （借） 製 造 間 接 費 | 100,000 | （貸） 減価償却累計額 | 100,000 |

例題5−3

次の取引を仕訳しなさい。勘定科目は次の語群の中から最も適切なものを選択すること。

仕掛品　製造間接費　買掛金　機械減価償却累計額　材料

1．製品Aを製造するため，材料X 25,000円を出庫し，外注先に加工を依頼した。なお，当社では外注先に材料を無償支給している。

2．外注先から加工品を受け入れた。請求書によると外注加工賃は5,000円であった。

3．材料倉庫の棚卸を行い，材料の減耗3,100円が発見されたので，棚卸減耗損を計上した。

4．当月の機械減価償却費を計上した。機械減価償却費の年間見積額は1,200,000円である。

解答へのアプローチ

仕訳の問題ですが，勘定科目の選択肢をみると，経費勘定あるいは費目別勘定がありません。ここでは，経費（諸）勘定を設けない方法による仕訳が求められています。材料の加工を外注するために材料を出庫し，外注先に無償支給する場合には，外注先での加工も自社の一連の製造過程の一部と考えます。材料Xは製品Aのために使われるので仕掛品（直接材料費）です。経費諸勘定を用いないため外注加工賃，棚卸減耗損，減価償却費という勘定科目はありませんが，2は直接経費ですから仕掛品，3と4は間接経費ですから製造間接費勘定に記入します。

[解　答]……………………………………………………………………………

| 1．（借） 仕　掛　品 | 25,000 | （貸） 材　　　　料 | 25,000 |
| 2．（借） 仕　掛　品 | 5,000 | （貸） 買　掛　金 | 5,000 |

64

| 3. (借) | 製 造 間 接 費 | 3,100 | (貸) | 材 料 | 3,100 |
| 4. (借) | 製 造 間 接 費 | 100,000 | (貸) | 機械減価償却累計額 | 100,000 |

基本問題 5-1

次の資料にもとづいて，それぞれの経費の当月消費額を計算しなさい。

[資　料]‥‥‥‥‥‥‥‥‥‥‥‥‥‥‥‥‥‥‥‥‥‥‥‥‥‥‥‥‥‥‥

費　目	内　　　訳
修　繕　料	前月未払高7,000円　当月支払額23,000円　当月未払額6,000円
保　険　料	年額156,000円
外注加工賃	製品200個　1個当たりの加工料70円
電　力　料	月間基本料金80,000円　1kwh当たり55円 当月使用料1,100kwh
減価償却費	年間予定総額216,000円

➡ 解答は236ページ

基本問題 5-2

次の資料にもとづいて，各勘定を完成させなさい。

[資　料]‥‥‥‥‥‥‥‥‥‥‥‥‥‥‥‥‥‥‥‥‥‥‥‥‥‥‥‥‥‥‥

1．福利施設負担額　　　40,000円

2．工場建物減価償却費　20,000円

3．外注加工賃　　　　　70,000円

4．工場電気代・水道代　60,000円

5．工場消耗品費　　　　10,000円

6．棚卸減耗損　　　　　 8,000円

製造間接費		仕　掛　品	
間接材料費（　　　）		直接経費（　　　）	
間接経費（　　　）			

➡ 解答は236ページ

第**6**章

製造間接費計算

学習のポイント

➡製造間接費とは

　製品との関連において，その発生が直接的には認識されない製造原価であり，間接材料費，間接労務費および間接経費に分類されます。

➡製造間接費関係の証ひょうおよび帳簿

　製造間接費を記帳するために，出庫票，作業時間報告書，支払伝票，月割計算表，製造間接費部門別配賦表，出庫材料仕訳帳，消費賃金仕訳帳，経費仕訳帳，製造間接費元帳などの証ひょうおよび帳簿が使われます。

➡製造間接費の製品への配賦

　製造間接費配賦額は，配賦率に各製品の実際配賦基準量を掛けて計算されますが，配賦率の違いから実際配賦と予定配賦があります。

$$実際配賦率＝\frac{製造間接費実際発生額}{実際配賦基準総量}$$

$$予定配賦率＝\frac{製造間接費予定発生額}{予定配賦基準総量}$$

　分母の予定配賦基準総量（予定操業度ともいう）は，実際的生産能力，平均操業度（正常操業度ともいう），期待実際操業度（予算操業度ともいう）のいずれかが選択されます。分子の製造間接費予定発生額は，通常，製造間接費予算として設定されます。

➡固定予算と変動予算

　製造間接費予算には，実際配賦基準総量にかかわらず一定とする固定予算と，実際配賦基準総量に応じて変化する変動予算があります。

➡️製造間接費配賦差異の原因分析

　製造間接費を予定配賦する場合は，実際発生額と予定配賦額が一致せ

ず配賦差額が生じることがあります。この配賦差額は予算差異と操業度

差異に分析されます。

　配賦差額＝実際発生額－予定配賦額

　予算差異＝実際発生額－予算

　操業度差異＝予算－予定配賦額

➡️製造間接費配賦差異の処理

　製造間接費を予定配賦する場合に生じる配賦差額は，『原価計算基準』

では，少額であれば原則として当年度の売上原価に賦課するとしています。

1 製造間接費の定義 ……………………………………………

　製造間接費とは，間接材料費，間接労務費および間接経費の総称で，製品
別にどのくらい消費されたかがわからない製造原価のことです。直接材料費，
直接労務費および直接経費といった製造直接費は，製品別にどのくらい消費
されたかがわかるので，製品原価を計算するためには，各製品に単に直課で
きますが，製造間接費は，製品別にどのくらい消費されたかがわからないの
で，製品原価を計算するためには，何らかの基準を用いて各製品に配賦しな
ければなりません。

★**直接労務費の直課と間接労務費の配賦**

直接工	守衛
どの製品のためなのかが はっきりしている	工場で作っている全製品 のために働いている
各製品に直課	全製品に配賦

② 製造間接費関係の証ひょうおよび帳簿 ⋯⋯⋯⋯⋯⋯⋯

　製造間接費は，記帳するためにさまざまな証ひょうおよび帳簿が用いられます。証ひょうとしては，出庫票，作業時間報告書，支払伝票，月割計算表，製造間接費部門別配賦表などが用いられ，帳簿としては，出庫材料仕訳帳，消費賃金仕訳帳，経費仕訳帳，製造間接費元帳などが用いられます。

　製造間接費は費目別計算で把握した材料費，労務費および経費のうち，製品と直接的な関係がない部分のことを指していました。したがって，製造間接費は発生を直接に記帳するわけではなく，それぞれの勘定から間接材料費，間接労務費および間接経費が製造間接費勘定に振り替えられます。また，製造間接費勘定の補助元帳として製造間接費内訳表が作成されます。

③ 製造間接費の製品への配賦 ⋯⋯⋯⋯⋯⋯⋯⋯⋯⋯⋯⋯⋯⋯⋯

❶ 配賦額の計算

　製造間接費を製品に配賦する場合，その配賦額は次の式で計算されます。

$$配賦額＝配賦率×実際配賦基準量$$

配賦率には**実際配賦率**と**予定配賦率**があり，次の式で計算されます。

$$実際配賦率＝\frac{製造間接費実際発生額}{実際配賦基準総量}$$

$$予定配賦率＝\frac{製造間接費予定発生額}{予定配賦基準総量}$$

　実際配賦率を用いて製造間接費を製品に配賦することを**実際配賦**といい，予定配賦率を用いて製造間接費を製品に配賦することを**予定配賦**といいます。なお，上式のうち，実際配賦基準総量のことを**実際操業度**，予定配賦基準総量のことを**基準操業度**ないし**予定操業度**ともいいます。

　これらの操業度は数値で表現しなければなりませんが，その数値には，製

品の重量，直接作業時間，機械作業時間といった生産量に関する基準のほか，直接材料費，直接労務費，素価といった価値に関する基準もあります。

例題6－1

　次の資料にもとづき，(1)直接材料費，(2)直接労務費，(3)素価，(4)直接作業時間および(5)機械作業時間を配賦基準とした場合，製品Aへの製造間接費配賦額を計算しなさい。

[資　料]‥‥‥‥‥‥‥‥‥‥‥‥‥‥‥‥‥‥‥‥‥‥‥‥‥‥‥‥‥‥‥‥‥‥‥

当月のデータ

	工場全体	製品A
直接材料費	300,000円	90,000円
直接労務費	375,000円	105,000円
製造間接費	270,000円	?
直接作業時間	22,500時間	7,500時間
機械作業時間	45,000時間	10,500時間

😃 解答へのアプローチ）

　各場合において，配賦率は次のように計算します。

(1)　直接材料費基準

$$配賦率 = \frac{製造間接費総額}{直接材料費総額}$$

(2)　直接労務費基準

$$配賦率 = \frac{製造間接費総額}{直接労務費総額}$$

(3)　素価基準

$$配賦率 = \frac{製造間接費総額}{直接材料費総額 + 直接労務費総額}$$

(4)　直接作業時間基準

$$配賦率 = \frac{製造間接費総額}{総直接作業時間}$$

(5) 機械作業時間基準

$$配賦率 = \frac{製造間接費総額}{総機械作業時間}$$

そして，配賦率に製品 A の配賦基準量を乗じて配賦額を計算します。配賦率の単位を省略せずに書き表すと，混乱しにくくなるでしょう。

[解 答]..

(1) 直接材料費基準

$$配賦率 = \frac{270,000円}{300,000円} = 0.9$$

製品 A への配賦額 $= 0.9 \times 90,000円 = 81,000円$

(2) 直接労務費基準

$$配賦率 = \frac{270,000円}{375,000円} = 0.72$$

製品 A への配賦額 $= 0.72 \times 105,000円 = 75,600円$

(3) 素価基準

$$配賦率 = \frac{270,000円}{300,000円 + 375,000円} = 0.4$$

製品 A への配賦額 $= 0.4 \times (90,000円 + 105,000円) = 78,000円$

(4) 直接作業時間基準

$$配賦率 = \frac{270,000円}{22,500時間} = 12円/時$$

製品 A への配賦額 $= 12円/時 \times 7,500時間 = 90,000円$

(5) 機械作業時間基準

$$配賦率 = \frac{270,000円}{45,000時間} = 6円/時$$

製品 A への配賦額 $= 6円/時 \times 10,500時間 = 63,000円$

❷ 予定配賦基準総量の決定

予定配賦基準総量は，生産量に関する仮定から３種類のものが考えられて

きました。

実際的生産能力	平均操業度	期待実際操業度

　実際的生産能力とは，機械の理論的な最大限の生産能力から，機械に不可避的な作業休止による生産量の減少分を控除した生産能力のことです。この生産能力は，工場でどれだけの生産が可能であるのかという，製品の供給量に注目したもので，製品がどれくらい販売できるかという，製品の需要量には注目していません。

　平均操業度や**期待実際操業度**は製品の需要量に注目した操業度です。平均操業度は，将来の数年間において予想される平均的な需要量に応える操業水準のことです。期待実際操業度は，来る予算期間である次年度に予想される平均的な需要量に応える操業水準のことで，予算操業度ともいわれます。

例題6-2

　次の資料にもとづき，基準操業度として，(1)実際的生産能力，(2)平均操業度および(3)期待実際操業度を選択する場合について，それぞれ，予定配賦率と予定配賦額を計算しなさい。なお，配賦基準は直接作業時間である。

[資　料]‥‥‥‥‥‥‥‥‥‥‥‥‥‥‥‥‥‥‥‥‥‥‥‥‥‥‥‥‥‥‥‥‥‥

1．当工場の月間の実際的生産能力，平均操業度および期待実際操業度は，それぞれ，10,000時間，8,000時間および7,000時間である。

2．当工場の月間の製造間接費予算は，次のとおりである。

直接作業時間	7,000時間	8,000時間	9,000時間	10,000時間
製造間接費予算	1,295,000円	1,360,000円	1,430,000円	1,500,000円

3．当月の実際直接作業時間は7,500時間であった。

☺解答へのアプローチ)

　予定配賦額は，予定配賦率に実際操業度（この例では，実際直接作業時間）を乗じて計算しますが，予定配賦率は，基準操業度が異なれば異なることに注意してください。

(1)　実際的生産能力を基準操業度とする場合の予定配賦

$$予定配賦率 = \frac{1,500,000円}{10,000時間} = 150円/時$$

予定配賦額 = 150円/時 × 7,500時間 = 1,125,000円

(2)　平均操業度を基準操業度とする場合の予定配賦

$$予定配賦率 = \frac{1,360,000円}{8,000時間} = 170円/時$$

予定配賦額 = 170円/時 × 7,500時間 = 1,275,000円

(3)　期待実際操業度を基準操業度とする場合の予定配賦

$$予定配賦率 = \frac{1,295,000円}{7,000時間} = 185円/時$$

予定配賦額 = 185円/時 × 7,500時間 = 1,387,500円

❸ 製造間接費の記帳

　製品に配賦する製造間接費の金額が計算されると，製造間接費勘定から仕掛品勘定へ振り替えられます。ところで配賦には実際配賦と予定配賦があるので，注意が必要です。すなわち，実際配賦の場合には製造間接費の実際発生額と実際配賦額が一致するので製造間接費勘定には何も残りませんが，予定配賦の場合には実際発生額と予定配賦が一致しないことが多く，製造間接費勘定に差額が残ってしまいます。差額は製造間接費配賦差異勘定に振り替えます。なお，実際発生額が予定配賦額より多い場合は，製造間接費配賦差異勘定の借方に差額が記入されます。この場合を借方差異あるいは不利差異といいます。逆に実際発生額が予定配賦額よりも少ない場合は，製造間接費配賦差異勘定の貸方に記入されます。この場合を貸方差異あるいは有利差異といいます。勘定連絡図を示すと次のようになります。

(1)　実際配賦の場合

72

(2) 予定配賦の場合（借方差異）

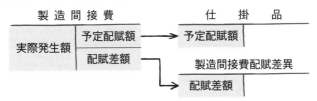

(3) 予定配賦の場合（貸方差異）

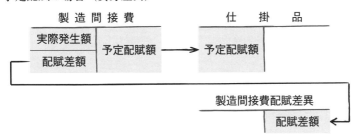

4 固定予算と変動予算 ・・・・・・・・・・・・・・・・・・・・・・・・・・・・・・・・・・・・・・

　製造間接費予定配賦率の分子である製造間接費予定発生額は，**製造間接費予算**が使われます。そして，製造間接費実際発生額が予算と比べられて管理されます。実際発生額と比較する予算には，実際操業度に対する予算の違いから，**固定予算**と**変動予算**があります。

　固定予算とは，基準操業度における予算を実際操業度における予算とする方法のことです。

　変動予算とは，実際操業度における変動費予算に基準操業度における固定費予算を加えたものを実際操業度における予算とする方法のことです。実際操業度の変化に臨機応変的に予算も変わるのが変動予算です。ここで，**変動費**とは，操業度の変化に対してその発生額が総額で変化する原価のことで，**固定費**とは，操業度の変化に対してその発生額が総額では変化せず一定である原価のことです。

　固定予算と変動予算は次のグラフでイメージすると理解しやすいでしょう。

★固定予算と変動予算

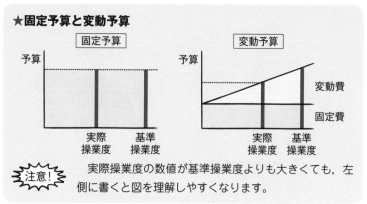

<figure>
固定予算　　　　　　　　　　　　変動予算

予算　　　　　　　　　　　　　　予算　　　　　　　　　変動費

　　　　　　　　　　　　　　　　　　　　　　　　　　　固定費

実際　　　基準　　　　　　　　　実際　　　基準
操業度　　操業度　　　　　　　　操業度　　操業度
</figure>

注意!　実際操業度の数値が基準操業度よりも大きくても，左側に書くと図を理解しやすくなります。

5 配賦差異の原因分析 ……………………………………

❶ 配賦差異の計算

　製造間接費を予定配賦する場合，製造間接費の実際発生額と予定配賦額とは一致しないことが多く，差額が生じます。この差額を**製造間接費配賦差異**といいます。

> 製造間接費配賦差異＝製造間接費実際発生額－製造間接費予定配賦額

❷ 固定予算のもとでの配賦差異の原因分析

　配賦差額はその発生原因を分析し，以降，配賦差異が生じないように是正措置を講じて原価を管理しなければなりません。通常，製造間接費は予算と比較して原価管理を行い，また，管理者は実際発生額と予算の比較で業績が評価されます。そこで，配賦差異は実際発生額と予算との差額である**予算差異**と，予算と予定配賦額との差額である**操業度差異**に分析されます。

　次の図は，固定予算を利用する場合の分析方法を示したものです。

★固定予算を利用する場合の分析方法

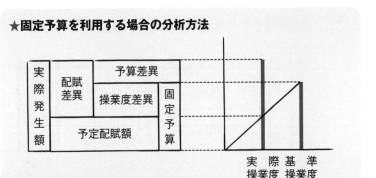

配賦差異＝実際発生額－予定配賦額
　　　　＝予算差異＋操業度差異
予算差異＝実際発生額－固定予算
操業度差異＝固定予算－予定配賦額

 次頁の変動予算での図と比較しながら理解してください。

　配賦差異はプラスにもマイナスにもなることがあるので，実際発生額＞予定配賦額の場合を**借方差異**，実際発生額＜予定配賦額の場合を**貸方差異**と表して区別します。

実際発生額　＞　予定配賦額　➡　借方差異
実際発生額　＜　予定配賦額　➡　貸方差異

❸ 変動予算のもとでの配賦差異の原因分析

　管理者を予算差異にもとづいて業績評価を行う場合，固定予算では変動費予算が基準操業度に対する金額であるので，実際操業度とは対応していません。実際操業度が基準操業度を下回る時は，予算差異が過小に計算されてしまいます。そこで，実際操業度に対応する変動費予算を考慮した変動予算を採用することが多いです。なお，変動予算でも配賦率は基準操業度にもとづきます。

　次の図は，変動予算を利用する場合の分析方法を示したものです。

★変動予算を利用する場合の分析方法

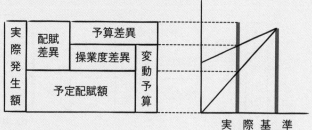

配賦差異＝実際発生額－予定配賦額

　　　　＝予算差異＋操業度差異

予算差異＝実際発生額－変動予算

操業度差異＝変動予算－予定配賦額

変動予算＝実際操業度における変動費予算＋固定費予算

　　　　＝変動費率×実際操業度＋固定費予算

注意! 　予定配賦額と配賦差異は，固定予算であっても変動予算であっても変わりません。

例題6－3

　次の資料にもとづき，①固定予算を用いる場合および②変動予算を用いる場合について，配賦差異を計算し，分析しなさい。

[資　料]・・

1 ．変動予算

	月間固定費	変動費率
間接材料費	10万円	20円/時
間接労務費	25	
間接経費	15	40
合計	50万円	60円/時

2 ．月間基準操業度　10,000時間

3 ．月間実際操業度　8,000時間

4 ．製造間接費実際発生額　100万円

解答へのアプローチ

　まずは予定配賦率を求め，これに実際操業度を乗じて予定配賦額を計算します。次に，実際発生額から予定配賦額を差し引いて配賦差異を計算します。そして，この配賦差異について，固定予算を用いる場合と変動予算を用いる場合に分けて，予算差異と操業度差異を計算します。

[解　答]..

(1)　予定配賦率の計算

$$予定配賦率 = \frac{60円/時 \times 10,000時間 + 50万円}{10,000時間} = 110円/時$$

(2)　予定配賦額の計算

　　予定配賦額 = 110円/時 × 8,000時間 = 88万円

(3)　配賦差異の計算

　　配賦差異 = 100万円 − 88万円 = 12万円（借方差異）

(4)　配賦差異の分析

　①　固定予算を用いる場合

　　　固定予算 = 60円/時 × 10,000時間 + 50万円 = 110万円

　　　予算差異 = 100万円 − 110万円 = △10万円（貸方差異）

　　　操業度差異 = 110万円 − 88万円 = 22万円（借方差異）

　（検証）

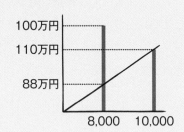

　　　予算差異 + 操業度差異

　　　　= △10万円（貸方差異）

　　　　　+ 22万円（借方差異）

　　　　= 12万円（借方差異）= 配賦差異

　②　変動予算を用いる場合

　　　実際操業度における変動予算

　　　　= 60円/時 × 8,000時間 + 50万円 = 98万円

　　　予算差異 = 100万円 − 98万円 = 2万円（借方差異）

　　　操業度差異 = 98万円 − 88万円 = 10万円（借方差異）

（検証）

予算差異＋操業度差異

　　＝2万円（借方差異）

　　＋10万円（借方差異）

　　＝12万円（借方差異）＝配賦差異

（注意）　本間の場合，実際発生額が固定予
算を下回っているので，固定予算による配賦差異の分析について正確な
グラフを作成すると次のようになってしまう。

　これでは，配賦差異と予算差異および操業度差異の関係がわかりづらくなっ
てしまうので，前頁のようにしてある。

❹　配賦差異の原因分析と記帳

　製造間接費の配賦総額に関する勘定連絡図は**3**❸ですでに示しましたが，
ここでは配賦差異を予算差異と操業度差異に分解したときの勘定連絡図を以
下に示します。なお，差異総額，予算差異および操業度差異のいずれも借方
差異である場合を示します。

① 製造間接費配賦差異勘定を設ける場合

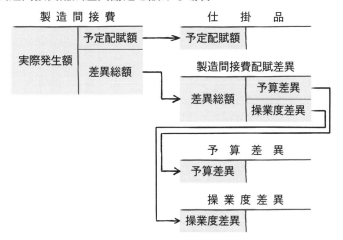

② 製造間接費配賦差異勘定を設けない場合

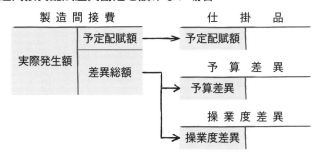

例題6−4

　次の資料にもとづいて，(1)変動予算を用いる場合および(2)固定予算を用いる場合について，予定配賦と配賦差異の分析に関する仕訳を行い，勘定記入をしなさい。なお，使う勘定科目は，製造間接費，仕掛品，製造間接費配賦差異，予算差異，操業度差異とする。

	変動予算	固定予算
製造間接費実際発生額	1,000,000円	同左
〃　予定配賦額	880,000	同左
〃　予算許容額	1,100,000	980,000
〃　配賦差異	120,000（借）	同左
〃　予算差異	100,000（貸）	20,000（借）
〃　操業度差異	220,000（借）	100,000（借）

(◡‿◡)解答へのアプローチ

　与えられた勘定科目から，製造間接費の予定配賦では，製造間接費勘定に貸記し，仕掛品勘定に借記することになります。ついで，製造間接費の配賦差異について，借方差異（不利差異）が生じているので，製造間接費勘定に貸記し，製造間接費配賦差異勘定に借記します。最後に，配賦差異の予算差異と操業度差異への分析では，予算・操業度差異が借方差異（不利差異）であればそれぞれの勘定に借記し，貸方差異（有利差異）であればそれぞれの勘定に貸記します。

[解　答]···

(1) 変動予算を用いる場合

① 予定配賦の仕訳

（借）仕　掛　品 880,000　　（貸）製 造 間 接 費 880,000

② 配賦差額の仕訳

（借）製造間接費配賦差異 120,000　　（貸）製 造 間 接 費 120,000

③ 配賦差額の分析の仕訳

（借）操 業 度 差 異 220,000　　（貸）製造間接費配賦差異 120,000

　　　　　　　　　　　　　　　　　　　　　　　予 算 差 異 100,000

＜勘定記入＞

製造間接費		
1,000,000	①	880,000
	②	120,000

仕　掛　品	
① 880,000	

製造間接費配賦差異		
② 120,000	③	120,000

予　算　差　異	
	③ 100,000

	操業度差異	
③　　220,000		

(2)　固定予算を用いる場合

①　予定配賦の仕訳

（借）仕　　掛　　品　880,000　　（貸）製 造 間 接 費　880,000

②　配賦差異の仕訳

（借）製造間接費配賦差異　120,000　　（貸）製 造 間 接 費　120,000

③　配賦差異の分析の仕訳

（借）予　算　差　異　　20,000　　（貸）製造間接費配賦差異　120,000

　　　操 業 度 差 異　100,000

＜勘定記入＞

製造間接費		仕　掛　品	
1,000,000	①　　880,000	①　　880,000	
	②　　120,000		

製造間接費配賦差異		予　算　差　異	
②　　120,000	③　　120,000	③　　20,000	

	操業度差異	
	③　　100,000	

6 配賦差異の処理 ……………………………………………………

　製造間接費の予定配賦を行うとき，製造間接費の実際発生額と予定配賦額はしばしば一致せず，配賦差異が生じます。この配賦差異は，会計年度末において，会計上処理しなければなりません。その方法には種々ありますが『原価計算基準』では，製造間接費配賦差異を原価差異の1つとしており，それが少額であれば，原則として当年度の売上原価に賦課するものとしています。売上原価に賦課するとは，配賦差異が借方差異であれば売上原価に加え，貸方差異であれば控除することです。

　なお，会計年度末までの各月末では，配賦差異を繰り延べておきます。ただし，月次損益計算を行っている場合は，少額であれば，当月の売上原価に

賦課します。

当社工場では，製造間接費を直接作業時間にもとづいて予定配賦している。次の資料にもとづき，基準操業度として，(1)実際的生産能力を選択する場合と，(2)期待実際操業度を選択する場合のそれぞれについて，予定配賦率を計算しなさい。また，当月における製造間接費勘定の記入を完成しなさい。

[資　料]……………………………………………………………………………

1．実際的生産能力と期待実際操業度は，年間ベースで，それぞれ，120,000直接作業時間および96,000直接作業時間である。

2．製造間接費年間予算は，各操業水準に対して，次のとおりである。

直接作業時間	120,000時間	96,000時間
製造間接費	15,600,000円	14,400,000円

3．当月の実績は次のとおりである。

　実際直接作業時間………… 8,500時間

　製造間接費実際発生額……1,250,000円

(1)　実際的生産能力基準の場合

　予定配賦率　（　　　　）円/時間

製造間接費

実際発生額	（　　　　　）	配　賦　額	（　　　　　）
［　　　　　　　］	（　　　　　）	［　　　　　　　］	（　　　　　）
	（　　　　　）		（　　　　　）

　(注)（　　）内には金額を記入し，いずれかの［　　　］内に配賦差異と記入しなさい。

(2)　期待実際操業度基準の場合

　予定配賦率　（　　　　）円/時間

製造間接費

実際発生額	（　　　　　）	配　賦　額	（　　　　　）
［　　　　　　］	（　　　　　）	［　　　　　　］	（　　　　　）
	（　　　　　）		（　　　　　）

(注)　（　　）内には金額を記入し，いずれかの［　　］内に配賦差異と
　　　記入しなさい。

　当工場では，製造間接費を予定配賦している。次の資料にもとづき，基準操
業度として，実際的生産能力を選択する場合と期待実際操業度を選択する場合
のそれぞれについて，予定配賦率を計算しなさい。また，10月における予定配
賦額と配賦差異を計算しなさい。なお，配賦差異については，借方差異であれ
ば（借），貸方差異であれば（貸）と記入しなさい。

[資　料]……………………………………………………………………………

1．当工場の実際的生産能力と期待実際操業度は，年間ベースで，それぞれ，
　100,000直接作業時間および88,000直接作業時間である。

2．当工場の製造間接費予算（年間）は，各操業水準に対して，次のとおりで
　ある。

直接作業時間	100,000時間	88,000時間
製 造 間 接 費	12,000,000円	13,200,000円

3．　10月の実績は，次のとおりである。

　実際直接作業時間………… 7,900時間

　製造間接費実際発生額……1,180,000円

	実際的生産能力基準	期待実際操業基準
予定配賦率	円/時	円/時
予定配賦額	円	円
配 賦 差 異	円 （　　）	円 （　　）

　当社工場では，製造間接費について直接作業時間を配賦基準として予定配賦している。次の資料にもとづき，(1)固定予算を用いる場合および(2)変動予算を用いる場合について，配賦差異を計算し，分析しなさい。

[資　料]..

1．変動予算

　月間固定費　　80万円

　変動費率　　　70円/時

2．月間基準操業度　8,000時間

3．月間実際操業度　9,000時間

4．製造間接費実際発生額　145万円

⇒ 解答は237ページ

第 **7** 章

部門費計算

学習のポイント

➡部門費計算とは

　費目別計算を行った後，製造原価を原価部門に集計する手続のことです。原価部門は製品加工に直接従事する製造部門と製造部門に対して補助的関係にある補助部門に分類されます。

➡部門費計算の目的

　合理的な製品原価を計算し，原価管理を行うことが目的です。

➡原価部門の設定

　原価部門は工場の組織図に規定される権限と責任に合致している必要があります。また，原価部門は多数であるほど望ましいのですが，計算の経済性も考慮する必要があります。

➡部門費計算の2つの手続

　部門費計算は第1次集計と第2次集計の2つの段階からなります。第1次集計とは，製造原価を製造部門と補助部門へ集計することです。第2次集計とは，補助部門費を製造部門へ配賦することです。

➡第1次集計

　第1次集計において製造部門と補助部門に集計される部門費は，原価部門との関連にもとづいて，部門個別費と部門共通費に分かれます。部門個別費は，各原価部門に直課（賦課）され，部門共通費は各原価部門に配賦されます。

➡第2次集計

　第2次集計において補助部門費を製造部門へ配賦する方法には，直接配賦法，相互配賦法などがあります。また，配賦額の計算においては，

補助部門費の実際発生額を実際配賦基準総量で除して実際配賦率を計算
し，これに実際配賦基準量を乗じる実際配賦と，予定発生額を予定配賦
基準総量で除して予定配賦率を求め，これに実際配賦基準量を乗じる予
定配賦があります。

■1 部門費計算の意義と目的 ……………………………………

❶ 部門費計算の意義

　部門費計算とは，費目別計算を行った後，製造原価を原価部門に集計する
手続のことです。原価部門とは原価要素を分類集計する計算組織上の区分を
いい，次のように製造部門と補助部門に分類されます。

(1)　**製造部門**…製品の加工に直接に従事する部門

　　　例：機械加工部門，組立部門，切削部門など

(2)　**補助部門**…製造部門に対して補助的関係にある部門

　①　補助経営部門…自己のサービスあるいは生産物（以下，単にサービス
　　　という）を主に製造部門に提供し，生産活動を直接的に支援する補助
　　　部門

　　　例：動力部，修繕部，検査部など

　②　工場管理部門…工場全体の管理事務を担当する補助部門

　　　例：工場事務部，企画部，労務部など

❷ 部門費計算の目的

　原価を部門別に計算する主たる目的は，合理的で正確な製品原価の計算と
原価管理です。複数種類の製品を製造する場合，製品によって作業を行う部
門が異なることが多いです。そこで，製造原価をより正確に製品に集計する
ために，すべての製造原価を製造部門に集計しておく必要があります。そし
て，製品は補助部門を通過しないので，そのままでは製品に集計することが
できず，補助部門費を製造部門に配賦する必要があります。

　また，製造原価を適切に管理するためには，各原価部門で発生する原価を
計算する必要があります。さらに，補助部門の活動が製造部門の必要とする

サービスを提供するために行われている限り，補助部門費を製造部門に配賦する必要があります。

2 原価部門の設定 ···

工場は生産管理の観点から，製品製造の流れに沿って，基本的に異なる業務活動は職能ごとの部門に区分されています。原価計算においても，製品製造上の部門に合わせて原価部門を設定します。

原価部門を設定する際，効果的な原価管理を行うためには，工場の組織図に規定される権限と責任の関係を重視しなければなりません。また，効果的な原価管理を行い，正確な製品原価を計算するためには，原価部門を多数設定する必要がありますが，計算の経済性を考慮して原価部門の数を決定するべきです。

3 部門費の集計 ···

部門別に分類集計する原価要素の範囲は，部門費計算の目的，採用する原価計算の形態などに依存します。たとえば，合理的な製品原価計算を重視し，個別原価計算を採用するときは，製造間接費だけを部門別に計算します。次に説明する部門費計算の手続は，そのような場合を想定しています。

(1) **部門費の第１次集計**…製造間接費の各費目を部門個別費と部門共通費とに分類して，部門個別費は当該部門に直課し，部門共通費を関係部門に配賦する手続のことです。

(2) **部門費の第２次集計**…第１次集計によって各補助部門に集計された補助部門費を各製造部門に配賦する手続のことです。第２次集計の結果，各原価部門に集計された製造間接費は，各製造部門にのみ集計されることになります。

★部門費計算の２つの手続

製造原価（製造間接費）

第１次集計

各製造部門

各補助部門

第２次集計

4 部門個別費と部門共通費 ……………………………………

　第１次集計によって各部門に集計される部門費は，原価部門との関連にも
とづいて，部門個別費と部門共通費に分類されます。

　部門個別費とは，どの部門で発生したかを直接に認識できる費目のことで，
部門共通費とは，２つ以上の部門に共通的に発生するため，どの部門で発生
したかを直接には認識できない費目のことです。たとえば，補助材料費は，
その材料に対する出庫票に記載された部門名によって直接に使用部門を認識
できるので，部門個別費です。各部門の職長の給料，特定部門に属する技師
の給料，専従従業員の間接賃金なども部門個別費です。それに対して，１つ
の建物の中に２つ以上の部門を設ける場合，その建物の減価償却費，固定資
産税，火災保険料などは部門共通費です。

　部門個別費の発生額は，その部門に直課しますが，部門共通費の発生額を
関係部門に集計するためには，何らかの配賦率を用いて配賦しなければなり
ません。部門共通費を関係部門に配賦するには，部門共通費の各費目別に配
賦する方法と一括して配賦する方法とがありますが，費目別に配賦するほう
が適切です。

★部門費計算の第1次集計

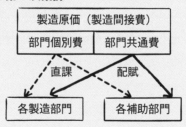

部門共通費の各原価部門への配賦でも，製造間接費の製品への配賦と同様に，実際発生額を配賦する実際配賦と予定発生額を配賦する予定配賦があります。これについては次節で説明します。

部門共通費の配賦基準としては，各費目別に，次のようなものがあります。

★部門共通費と配賦基準の例

部門共通費	配賦基準
建物減価償却費	各部門の専有面積
建物固定資産税	〃
建物保険料	〃
機械保険料	各部門の機械帳簿価額
電力料	各部門の機械馬力数
福利施設負担額	各部門の従業員数
厚生費	〃

次の資料により，部門共通費2,250,000円（内訳：福利施設負担額1,000,000円，建物減価償却費800,000円，機械保険料250,000円，建物保険料200,000円）を関係諸部門に配賦しなさい。

[資　料]‥‥‥‥‥‥‥‥‥‥‥‥‥‥‥‥‥‥‥‥‥‥‥‥‥‥‥‥‥‥‥‥‥‥‥‥

	合計	X製造部	Y製造部	A補助部門	B補助部門
従業員数	100人	30人	45人	15人	10人
占有面積	2,000m^2	800m^2	800m^2	100m^2	300m^2
機械帳簿価額	10,000千円	4,000千円	3,600千円	－	2,400千円

☺ 解答へのアプローチ

　費目別に配賦率を計算し，配賦基準量を乗じて各部門への配賦額を計算します。配賦率は部門共通費を配賦基準総量で除して求めます。福利施設負担額は従業員数を，建物減価償却費と建物保険料は占有面積を，そして機械保険料は機械帳簿価額を配賦基準とします。

　費目別に配賦率を計算すれば次のようになります。

	配賦基準	部門共通費	配賦基準総量	配賦率
福利施設負担額	従業員数	1,000,000円	100人	10,000円/人
建物減価償却費	占有面積	800,000円	2,000m^2	400円/m^2
機械保険料	機械帳簿価額	250,000円	10,000,000円	0.025
建物保険料	占有面積	200,000円	2,000m^2	100円/m^2

[解　答]‥‥‥‥‥‥‥‥‥‥‥‥‥‥‥‥‥‥‥‥‥‥‥‥‥‥‥‥‥‥‥‥‥‥‥‥

	部門共通費	X製造部	Y製造部	A補助部門	B補助部門
福利施設負担額	1,000,000円	300,000円	450,000円	150,000円	100,000円
建物減価償却費	800,000円	320,000円	320,000円	40,000円	120,000円
機械保険料	250,000円	100,000円	90,000円	－	60,000円
建物保険料	200,000円	80,000円	80,000円	10,000円	30,000円
合計	2,250,000円	800,000円	940,000円	200,000円	310,000円

5 補助部門費の製造部門への配賦 ·····················

❶ 直接配賦法と相互配賦法

第2次集計では，補助部門費を製造部門に配賦します。その配賦方法には，補助部門間のサービスの授受をどのように処理するかによって，**直接配賦法**と**相互配賦法**があります。

直接配賦法とは，補助部門間のサービス授受を無視し，製造部門に対してのみサービスを提供したかのごとく配賦する方法のことです。

それに対して，相互配賦法とは，補助部門間のサービス授受の事実を計算上も認め，補助部門が他の補助部門へサービスを提供するときは，補助部門費を，サービスを消費する補助部門にも配賦する方法です。この相互配賦法には，さらに連続配賦法や連立方程式法のような純粋の相互配賦法と簡便法としての相互配賦法（『製造工業原価計算要綱』に規定する相互配賦法，以下「要綱の相互配賦法」）とがあります。

純粋の相互配賦法では，他の補助部門からの配賦額がゼロになるまで相互配賦法による配賦計算を繰り返しますが，「要綱の相互配賦法」は直接配賦法と組み合わせた簡便法です。つまり，第1次配賦では相互配賦法を行い，第2次配賦では直接配賦法を行います。2級の出題範囲は直接配賦法と「要綱の相互配賦法」です。なお，要綱の相互配賦法でも純粋な相互配賦法でも，自部門のサービス授受は無視します。

★補助部門サービスの授受と製造部門への配賦方法

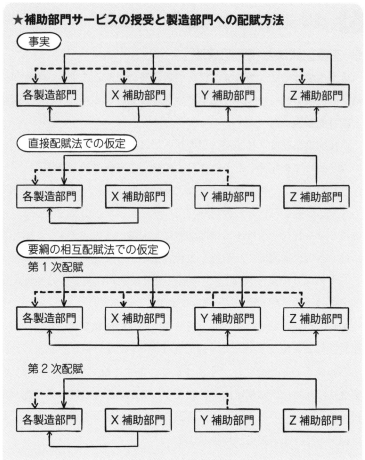

事実どおりに補助部門費を配賦すると，配賦が循環してしまいます。直接配賦法では，他の補助部門への配賦を無視します。要綱の相互配賦法では，最初は事実どおりに配賦し，その後，他の補助部門への配賦を無視します。

例題7－2

次の資料にもとづいて，補助部門費を直接配賦法と相互配賦法（要綱の相互配賦法）によって製造部門に配賦しなさい。

[資　料]・・・

	合計	切削部	組立部	動力部	修繕部	工 場事務部
部門費	228,500円	85,000円	70,000円	24,000円	18,000円	31,500円
配賦基準量：						
機械運転時間	1,000時間	600時間	200時間	－	200時間	－
修繕作業時間	300時間	180時間	90時間	30時間	－	－
従業員数	50人	13人	22人	6人	4人	5人

☺解答へのアプローチ

たとえば，動力部費を製造部門に配賦するための適切な配賦基準は機械運転時間です。各部門の機械運転時間は，切削部，組立部，修繕部の順に600時間，200時間，200時間です。直接配賦法では，補助部門間同士のサービスの授受を無視するので，切削部と組立部の配賦基準量をそれぞれ，600時間と200時間として，配賦基準総量を800時間として動力部費を切削部と組立部に配賦します。他方，要綱の相互配賦法では，まず，第1次配賦ではすべての部門へ配賦するので，配賦基準総量を1,000時間として，切削部，組立部および修繕部に動力部費を配賦します。ついで，第2次配賦では，直接配賦法と同様に，配賦基準総量を800時間として切削部と組立部に第1次配賦終了後の動力部費を配賦します。

なお，1級の出題範囲ですが，参考のために純粋の相互配賦法による場合も示します。直接配賦法や要綱の相互配賦法による場合とよく比較してください。

[解 答]‥‥

(1) 直接配賦法による場合

部門別配賦表

	合計	製造部門		補助部門		
		切削部	組立部	動力部	修繕部	工 場事務部
部門費	228,500	85,000	70,000	24,000	18,000	31,500
工場事務部費	31,500	(注)11,700	19,800			
修繕部費	18,000	12,000	6,000			
動力部費	24,000	18,000	6,000			
製造部門費		126,700	101,800			

(注)　$11,700円 = \dfrac{31,500円}{13人 + 22人} \times 13人$

(2) 要綱の相互配賦法による場合

部門別配賦表

	合計	製造部門		補助部門		
		切削部	組立部	動力部	修繕部	工 場事務部
部門費	228,500	85,000	70,000	24,000	18,000	31,500
第1次配賦						
工場事務部費	31,500	(注1)9,100	15,400	4,200	2,800	－
修繕部費	18,000	10,800	5,400	1,800	－	－
動力部費	24,000	14,400	4,800	－	4,800	－
第2次配賦				6,000	7,600	－
修繕部費	7,600	(注2)5,067	2,533			
動力部費	6,000	4,500	1,500			
製造部門費		128,867	99,633			

(注1)　$9,100円 = \dfrac{31,500円}{13人 + 22人 + 6人 + 4人} \times 13人$

(注2)　$5,067円 ≒ \dfrac{7,600円}{180時間 + 90時間} \times 180時間$

94

（参考）　純粋の相互配賦法による場合

部門別配賦表

	合計	製造部門		補助部門		
		切削部	組立部	動力部	修繕部	工　場 事務部
部門費	228,500	85,000	70,000	24,000	18,000	31,500
第1次配賦						
工場事務部費	31,500	9,100	15,400	4,200	2,800	－
修繕部費	18,000	10,800	5,400	1,800	－	
動力部費	24,000	14,400	4,800	－	4,800	－
第2次配賦				6,000	7,600	－
修繕部費	7,600	4,560	2,280	760	－	
動力部費	6,000	3,600	1,200	－	1,200	
第3次配賦				760	1,200	
修繕部費	1,200	720	360	120	－	
動力部費	760	456	152	－	152	
第4次配賦				120	152	
修繕部費	152	91	46	15	－	
動力部費	120	72	24	－	24	
第5次配賦				15	24	
修繕部費	24	15	7	2	－	
動力部費	15	9	3	－	3	
第6次配賦				2	3	
修繕部費	3	2	1	0	－	
動力部費	2	2	0	－	0	
製造部門費		128,827	99,673	0	0	

❷　実際配賦と予定配賦

　補助部門費の製造部門への配賦でも，製造間接費の製品への配賦や部門共通費の部門への配賦と同様に，実際発生額を配賦する実際配賦と予定発生額を配賦する予定配賦があります。

　実際配賦では，各補助部門で発生した実際発生額を，提供されたサービスを利用する製造部門（および他の補助部門へのサービス提供を無視しない場

合には，その他の補助部門）へ配賦します。

★補助部門費の実際配賦

$$補助部門費実際配賦率＝\frac{補助部門費実際発生額}{実際配賦基準総量}$$

補助部門費実際配賦額＝補助部門費実際配賦率×実際配賦基準量

実際配賦の場合，サービスを利用する製造部門において，サービスの利用量が変化しなくても，サービスを提供する補助部門で実際発生額が変化することがあります。このことは部門費計算の目的の1つである原価管理において，問題となります。サービスを利用する製造部門にとって，サービスを提供する補助部門での原価管理の善し悪しが反映されることになるからです。そこで，こうした問題を解決するために，予定配賦が行われます。

★補助部門費の予定配賦

$$補助部門費予定配賦率＝\frac{補助部門費予定発生額}{予定配賦基準総量}$$

補助部門費予定配賦額＝補助部門費予定配賦率×実際配賦基準量

注意！　予定配賦額は予定配賦率に予定配賦基準量ではなく，実際配賦基準量を乗じます。

例題7-3

　修繕部門がX製造部門とY製造部門に対して修繕サービスを提供している。次の資料にもとづいて，(1)実際配賦を行う場合と(2)予定配賦を行う場合について，製造部門への配賦額を計算しなさい。

[資　料]‥‥‥‥‥‥‥‥‥‥‥‥‥‥‥‥‥‥‥‥‥‥‥‥‥‥‥‥‥‥‥‥

1．実績に関するデータ

　修繕部門費実際発生額‥‥‥‥‥‥‥‥3,360,000円

　X製造部門に対する実際修繕作業時間‥‥100時間

　Y製造部門に対する実際修繕作業時間‥‥110

　　　　　　　　　　　　　　　　　　　　　210時間

2．予算に関するデータ

　修繕部門費予算‥‥‥‥‥‥‥‥‥‥‥‥3,000,000円

　X製造部門に対する予定修繕作業時間‥‥100時間

　Y製造部門に対する予定修繕作業時間‥‥100

　　　　　　　　　　　　　　　　　　　　　200時間

😊**解答へのアプローチ**

　実際配賦を行う場合は，修繕部門費の実際発生額を各製造部門における実際修繕作業時間の合計で除した実際配賦率に各製造部門の実際修繕作業時間を乗じます。予定配賦を行う場合は，修繕部門費の予算を各製造部門における予定修繕作業時間の合計で除した予定配賦率に各製造部門の実際修繕作業時間を乗じます。

[解　答]‥‥‥‥‥‥‥‥‥‥‥‥‥‥‥‥‥‥‥‥‥‥‥‥‥‥‥‥‥‥‥‥

(1)　実際配賦を行う場合

　実際配賦率 $= \dfrac{3,360,000円}{210時間} = 16,000円/時$

　X製造部門への実際配賦額 $= 16,000円/時 \times 100時間 = 1,600,000円$

　Y製造部門への実際配賦額 $= 16,000円/時 \times 110時間 = 1,760,000円$

(2) 予定配賦を行う場合

$$予定配賦率 = \frac{3,000,000円}{200時間} = 15,000円/時$$

X 製造部門への予定配賦額 = 15,000円/時 × 100時間 = 1,500,000円

Y 製造部門への予定配賦額 = 15,000円/時 × 110時間 = 1,650,000円

　予定配賦を行う場合，補助部門の実際発生額と予定配賦額が一致せず，配賦差異が生じることが多いです。この補助部門費配賦差異は原価差異の１つであり，第６章で説明したように，会計期末まで繰り延べ，当期の売上原価に加減して処理します。なお，効果的な原価管理のためには原価差異を分析する必要があります。

基本問題 7-1

　当社工場では，製造間接費を部門別に集計している。そこで，次の資料にもとづき部門別配賦表を完成させなさい。なお，補助部門費の配賦は相互配賦法による。すなわち，第１次配賦では製造部門のみならず他の補助部門にも配賦を行い，第２次配賦では製造部門のみに配賦を行う。

[資　料]……………………………………………………………………………………

1．部門共通費の配賦資料

	福利施設負担額	建物減価償却費
配賦基準	従業員数	占有面積
第１製造部	15人	2,000m²
第２製造部	10	2,000
保全部	2	250
材料倉庫部	3	500
工場事務部	5	250
合　計	35人	5,000m²

2．補助部門費の配賦資料

配賦基準	工場事務部費 従業員数	材料倉庫部費 材料出庫額	保全部費 保全作業時間
第1製造部	15人	3,200万円	30時間
第2製造部	10	3,200	40
保全部	2	1,600	－
材料倉庫部	3	－	5
工場事務部	5	－	－
合　計	35人	8,000万円	75時間

部門別配賦表　　　　　　（単位：万円）

	合計	製造部門		補助部門		
		第　1 製造部	第　2 製造部	保全部	材　料 倉庫部	工　場 事務部
部門個別費	3,800	1,500	1,200	235	390	475
福利施設負担額	700					
建物減価償却費	500					
部門費	5,000					
第1次配賦						
工場事務部費						
材料倉庫部費						
保全部費						
第2次配賦						
材料倉庫部費						
保全部費						
製造部門費						

➡ 解答は239ページ

当社工場では，製造間接費を部門別に予定配賦している。下記の資料にもとづいて，当工場の製造間接費年間予算に関する予算部門別配賦表を完成させなさい。

[資　料]

1．当工場の製造間接費年間予算（単位：万円）

	合計	第　1 製造部	第　2 製造部	材　料 倉庫部	工　場 事務部
部門個別費	15,100	2,365	5,135	3,275	4,325
部門共通費：					
建物減価償却費	1,500				
福利施設負担額	2,500				

2．部門共通費の配賦資料

配賦基準	建物減価償却費 占有面積	福利施設負担額 従業員数
第1製造部	4,000m²	60人
第2製造部	7,000	25
材料倉庫部	3,000	5
工場事務部	1,000	10
合　計	15,000m²	100人

3．補助部門費の配賦資料

配賦基準	材料倉庫部費 材料出庫額	工場事務部費 従業員数
第1製造部	5,500万円	60人
第2製造部	4,500	25
材料倉庫部	－	5
工場事務部	－	10
合　計	10,000万円	100人

予算部門別配賦表　　　（単位：万円）

	合計	製造部門		補助部門	
		第　1 製造部	第　2 製造部	材　料 倉庫部	工　場 事務部
部門個別費	15,100	2,365	5,135	3,275	4,325
建物減価償却費	1,500				
福利施設負担額	2,500				
部門費	19,100				
材料倉庫部費					
工場事務部費					
製造部門費					

⇒ 解答は239ページ

第 **8** 章

個別原価計算

学習のポイント

　原価計算の計算対象となる製品には，受注製品と見込大量生産製品があります。このうち，個別原価計算は，顧客の注文で指定された規格の製品製造を行うという受注生産に対して行われる原価計算です。製造される製品は，大型船舶，旅客機や電子部品などさまざまです。この章では，受注製品に対して適用される個別原価計算を学習します。

電車も
受注製品

1　個別原価計算の意義 ··

　個別原価計算は，第9章で説明する総合原価計算と比較すると次の図のような違いがあります。個別原価計算は，それぞれ別の製品ごとに原価計算しているのに対し，総合原価計算では見込大量生産する製品 A 全体の原価について，その生産量にもとづき製品 A の平均単位原価を計算します。

図表8－1　個別原価計算と総合原価計算

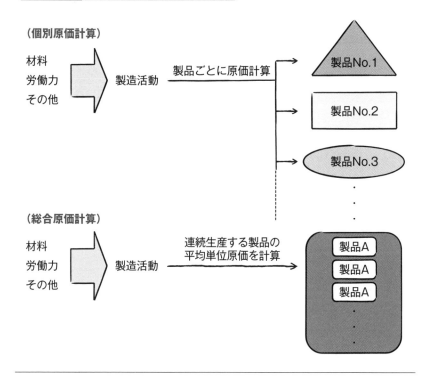

（個別原価計算）

材料
労働力
その他
→ 製造活動 ── 製品ごとに原価計算 → 製品No.1
→ 製品No.2
→ 製品No.3
・
・
・

（総合原価計算）

材料
労働力
その他
→ 製造活動 ── 連続生産する製品の平均単位原価を計算 → 製品A／製品A／製品A
・
・
・

2　製造指図書と原価計算表 ･････････････････････････

　個別原価計算では，製造指図書や原価計算表という用語が頻繁に出てきます。個別原価計算では，下記の製造指図書ごとに原価計算表で製品原価を計算します。なお，本章では直接経費は発生しないものと仮定します。

★製造指図書

　製品ごとに，その規格として，材料や作業手順などについて記載されている文書です。

★原価計算表

　製造指図書に対応して発行される原価の明細書です。

次は原価計算表の概略です。

図表8－2　原価計算表

原 価 計 算 表　　製造指図書番号＿＿＿＿＿

受注先＿＿＿＿＿＿　　製造開始日　年　月　日

製品名＿＿＿＿＿＿　　製品完成日　年　月　日

直接材料費			直接労務費			製造間接費		
日付	出庫表番号	金額	日付	作業時間報告書番号	金額	日付	配賦表番号	金額
								合　計＿＿＿＿

この原価計算表への原価集計は次のように直課と配賦で計算します。

図表8－3　原価計算表への直課と配賦

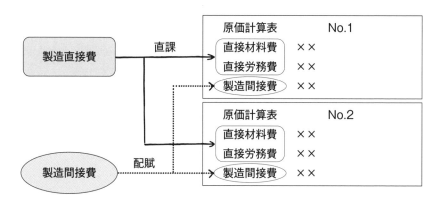

3 個別原価計算の方法 ·······································

　個別原価計算には，製造間接費を部門別に計算を行う部門別個別原価計算とそれを行わない単純個別原価計算があります。それぞれの計算の流れを理

図表8−4 単純個別原価計算と部門別個別原価計算の勘定連絡図 ─────

（単純個別原価計算）

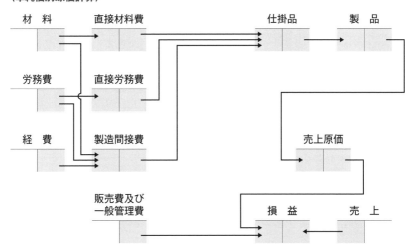

（部門別個別原価計算）

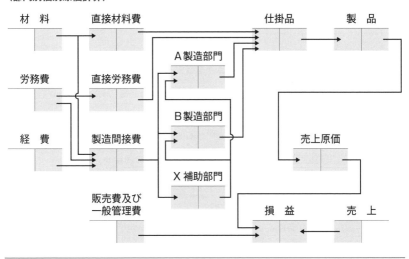

解するために，一般的な勘定連絡図を図表8－4に示します。仕訳の際，これを参考にすると理解が容易になります。

4 個別原価計算の記帳 ·····························

個別原価計算では，仕訳を通じた勘定記入により製品原価が計算されます。すでに学習した費目別計算をもとに，最終的に製品原価が計算されることになります。

仕訳については，**3**で示したように，勘定連絡図を書くとわかりやすくなります。たとえば，製造原価100,000円の製品が完成したとき，仕掛品勘定から製品勘定に振り替えるので，次のような仕訳となります。

| （借）製 品 100,000 （貸）仕 掛 品 100,000 |

次に，一連の取引の仕訳を例題で学習しましょう。理解できない場合，第2章を復習するとよくわかります。

例題8－1

当社では，当月より営業を開始し，実際単純個別原価計算を採用している。次の当月の一連の取引について仕訳しなさい。ただし，勘定科目は次の中から最も適当と思われるものを選ぶこと。

材　　料　　買　掛　金　　賃金・給料　　仕　掛　品　　製造間接費
原 価 差 異

1．材料800kgを500円/kgにて掛けで購入した。

2．材料の払出は500kgであった（うち，指図書番号の記入のある消費は450kgであった）。材料費は購入原価で計算している。

3．当月の労務費計算で直接工の実際直接作業時間は1,500時間であった。直接工賃金の計算では，1時間当たり1,600円の予定賃率を用いている。また，間接工の前月賃金未払高は300,000円，当月賃金支払高は1,200,000円，当月賃金未払高は200,000円であった。

4．当月の直接作業時間にもとづき，予定配賦率により製造間接費を製造指図書に配賦する。なお，製造間接費の予定配賦率は1時間当たり700円となっ

ている。

5．製造間接費の実際発生額と予定配賦額との差異を原価差異勘定に振り替える。

😊解答へのアプローチ

単純個別原価計算の勘定連絡図を作成してみて，材料費，労務費，製造間接費の金額計算を行い，勘定を確認しながら仕訳を行います。この問題では①から⑤の順で仕訳を行います。

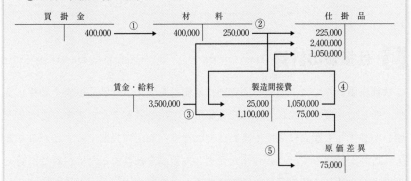

① 買掛金と材料の勘定を作成し，購入金額を計算して仕訳します。

② 材料の出庫なので，材料勘定から仕掛品勘定，製造間接費勘定へ振り替える仕訳をします。指図書番号のあるものは仕掛品勘定，ないものは製造間接費勘定です。

③ 賃金・給料勘定から仕掛品勘定，製造間接費勘定へ振り替える仕訳をします。直接工の消費賃金は仕掛品勘定，間接工の消費賃金は製造間接費勘定です。

④ 当月の製造間接費を一括して予定配賦率により製品に配賦する仕訳をします。製造間接費勘定から仕掛品勘定へ振り替えます。なお，配賦基準には，3.の直接作業時間を用います。

⑤ 予定配賦することにより，通常，実際発生額との差異が発生します。ここでは，製造間接費勘定の借方残高となり，これを原価差異勘定の借方に振り替えます。

1 .（借）材　　　料	400,000	（貸）買　掛　金	400,000
2 .（借）仕　掛　品	225,000	（貸）材　　　料	250,000
製造間接費	25,000		
3 .（借）仕　掛　品	2,400,000	（貸）賃金・給料	3,500,000
製造間接費	1,100,000		
4 .（借）仕　掛　品	1,050,000	（貸）製造間接費	1,050,000
5 .（借）原価差異	75,000	（貸）製造間接費	75,000

5　仕損費の計算

　個別原価計算では，製造指図書別に原価計算表により製品原価を計算します。そして，最終的には，それらを集計して損益計算を行います。このとき，製品が必ずしも順調に完成するわけではなく，加工に失敗することがあります。これが**仕損**です。この仕損が発生した製品を補修するために新たに製造指図書を発行して仕損費の集計をすることがあります。

例題8－2

　当工場では，実際個別原価計算を採用している。次の資料にもとづいて，下記の問いに答えなさい。

　［資　料］

製造指図書番号	直接材料費	直接労務費	製造間接費	備　考
#10	270,000円（7月分：50,000円）	250,000円（7月分：40,000円）	310,000円（7月分：60,000円）	6/20製造着手，6/30仕掛，7/3完成，7/4販売
#11	610,000円	490,000円	650,000円	7/4製造着手，7/6一部仕損，7/18完成，7/20販売
#11－2	50,000円	80,000円	120,000円	7/7補修開始，7/11補修完了
#12	840,000円	750,000円	900,000円	7/21製造着手，7/28完成，7/31在庫
#13	80,000円	40,000円	80,000円	7/29製造着手，7/31仕掛

なお，#11－2は仕損が生じた#11を補修して合格品とするために発行した指図書であり，仕損は正常なものであった。

問1　7月の製造原価報告書と月次損益計算書を作成しなさい。

問2　仕掛品勘定と製品勘定の（　）内に適切な金額を記入しなさい。なお，仕訳と元帳転記は月末にまとめて行っている。

問1

製造原価報告書

（単位：円）

直接材料費	（　　　）	
直接労務費	（　　　）	
製造間接費	（　　　）	
当月製造費用		（　　　）
月初仕掛品原価		（　　　）
合　計		（　　　）
月末仕掛品原価		（　　　）
当月製品製造原価		（　　　）

月次損益計算書

（単位：円）

売上高	6,450,000
売上原価	（　　　）
売上総利益	（　　　）
販売費及び一般管理費	2,380,000
営業利益	（　　　）

問2

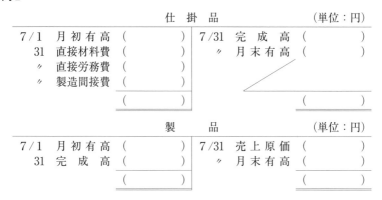

仕　掛　品　　（単位：円）

7/1	月初有高	（　　　）	7/31	完　成　高	（　　　）
31	直接材料費	（　　　）	〃	月末有高	（　　　）
〃	直接労務費	（　　　）			
〃	製造間接費	（　　　）			
		（　　　）			（　　　）

製　　品　　（単位：円）

7/1	月初有高	（　　　）	7/31	売上原価	（　　　）
31	完　成　高	（　　　）	〃	月末有高	（　　　）
		（　　　）			（　　　）

解答へのアプローチ

　それぞれの製造指図書に集計された原価を，その作業状況などに応じて集計し，製造原価報告書と月次損益計算書を作成します。また，先に計算した金額をもとに，各勘定に金額記入します。

[解　答]‥‥

問1

1　製造原価報告書の計算

　①　当月直接材料費

　　　50,000円＋610,000円＋50,000円＋840,000円＋80,000円＝1,630,000円

　②　当月直接労務費

　　　40,000円＋490,000円＋80,000円＋750,000円＋40,000円＝1,400,000円

　③　当月製造間接費

　　　60,000円＋650,000円＋120,000円＋900,000円＋80,000円＝1,810,000円

　④　当月製造費用

　　　1,630,000円＋1,400,000円＋1,810,000円＝4,840,000円

　⑤　月初仕掛品原価

　　　(270,000円－50,000円)＋(250,000円－40,000円)＋(310,000円－60,000円)

　　　＝680,000円

　⑥　月末仕掛品原価　80,000円＋40,000円＋80,000円＝200,000円

2　月次損益計算書の計算

　売上原価

　　(270,000円＋250,000円＋310,000円)＋(610,000円＋490,000円＋650,000円)

　　＋(50,000円＋80,000円＋120,000円)＝2,830,000円

製造原価報告書

（単位：円）

直接材料費	（　1,630,000）	
直接労務費	（　1,400,000）	
製造間接費	（　1,810,000）	
当月製造費用		（　4,840,000）
月初仕掛品原価		（　　680,000）←＃10の6月分
合　計		（　5,520,000）
月末仕掛品原価		（　　200,000）←＃13
当月製品製造原価		（　5,320,000）

月次損益計算書

（単位：円）

売上高	6,450,000	
売上原価	（　2,830,000）←＃10と＃11と＃11-2の合計	
売上総利益	（　3,620,000）	
販売費及び一般管理費	2,380,000	
営業利益	（　1,240,000）	

8
個別原価計算

問2

金額計算は問1とほとんど同じです。

1　仕掛品勘定の金額記入

　　月初有高は製造原価報告書の月初仕掛品原価と同じです。

　　直接材料費，直接労務費，製造間接費は製造原価報告書のとおりです。

　　完成高，月末有高は製造原価報告書の当月製品製造原価，月末仕掛品と同

じです。

2　製品勘定の金額記入

　　資料では6月末の製品在庫はないので，月初有高はゼロです。

　　売上原価は月次損益計算書のとおりです。

　　月末有高は＃12が完成しているので製品の月末在庫となります。

　　840,000円＋750,000円＋900,000円＝2,490,000円

仕　掛　品

（単位：円）

7/1	月初有高	（　　680,000）	7/31	完　成　高	（　5,320,000）
31	直接材料費	（　1,630,000）	〃	月末有高	（　　200,000）
〃	直接労務費	（　1,400,000）			
〃	製造間接費	（　1,810,000）			
		（　5,520,000）			（　5,520,000）

111

	製	品		（単位：円）
7/1 月 初 有 高	(0)	7/31 売 上 原 価	(2,830,000)
31 完 成 高	(5,320,000)	〃 月 末 有 高	(2,490,000)
	(5,320,000)		(5,320,000)

基本問題 8-1

　P製作所では，受注生産方式で製品を製造しているため，実際個別原価計算を採用している。当月作業が行われたのは製造指図書＃100，製造指図書＃101，製造指図書＃102，製造指図書＃103および製造指図書＃104であったが，このうち，製造指図書＃100，製造指図書＃101，製造指図書＃102および製造指図書＃103が完成し，製造指図書＃104は月末に未完成であった。なお，製造指図書＃100のみ先月に着手したもので，その他の指図書は当月着手であった。以上を前提に，下記の資料にもとづいて当月の月末仕掛品原価，月末製品原価，売上原価の金額を計算しなさい。

[資　料]………………………………………………………………………………………

1．当月払い出された材料の実際消費単価は1,000円/kgであり，各指図書における実際消費量は，製造指図書＃100が32kg，製造指図書＃101が71kg，製造指図書＃102が68kg，製造指図書＃103が55kg，製造指図書＃104が28kgであった。

2．当月の直接工の実際直接作業時間は213時間であり，そのうち，製造指図書＃100向けは38時間，製造指図書＃101向けは70時間，製造指図書＃102向けは50時間，製造指図書＃103向けは35時間，製造指図書＃104向けは20時間であった。なお，直接工賃金は，直接作業時間当たり1,500円の予定消費賃率を用いて消費額を計算している。

3．製造間接費は，直接作業時間にもとづく予定配賦率を用いて各製品に正常配賦している。製造間接費予算（年間）は5,040,000円であり，予定直接作業時間（年間）は2,520時間であった。

4．当月の月初仕掛品原価は65,000円であった。また，月初製品はなかった。

5．当月完成した製品のうち，製造指図書＃103のみが当月末在庫として残っており，その他はすべてそれぞれの顧客に引き渡された。

当月の月末仕掛品原価 =	円
当月の月末製品原価　 =	円
当月の売上原価　　　 =	円

➡ 解答は240ページ

基本問題 8-2

　P工場では，実際個別原価計算を採用している。下記の資料にもとづき，当月の仕掛品勘定および月次損益計算書を作成しなさい。

[資　料]

1．当月の作業実績

製造指図書番号	直接材料消費量	直接作業時間	備　　考
No. 200	500kg	660時間	前月着手，前月完成，当月販売
No. 201	360kg（前月分） 120kg（当月分）	420時間（前月分） 100時間（当月分）	前月着手，当月完成，当月販売
No. 202	410kg	560時間	当月着手，当月完成，当月在庫
No. 202-2	220kg	80時間	（注）
No. 203	380kg	450時間	当月着手，当月末仕掛中

（注）　No. 202-2は，一部仕損となったNo. 202を合格品とするために発行した補修指図書であり，仕損は正常なものであった。なお，当月に補修を開始し，当月中に補修は完了している。

2．直接材料費の計算には実際消費単価を適用しており，これは，前月850円/kg，当月900円/kgであった。

3．直接労務費の計算には実際賃率を適用しており，これは前月，当月ともに1,400円/時間であった。

4．製造間接費は，直接作業時間を配賦基準として，予定配賦率2,200円/時間で毎月各製造指図書に予定配賦している。なお，当月の製造間接費実際発生額は，2,702,000円であり，月次損益計算書においては，製造間接費の配賦差異は原価差異として売上原価に賦課する。

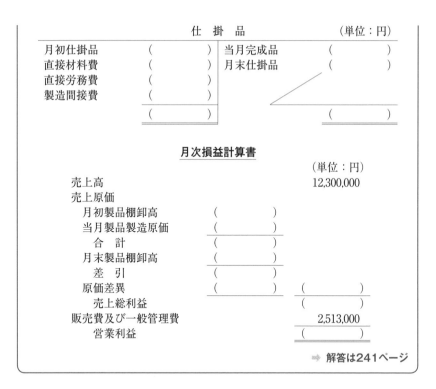

仕　掛　品　　　　　　（単位：円）

月初仕掛品	（　　　）	当月完成品	（　　　）
直接材料費	（　　　）	月末仕掛品	（　　　）
直接労務費	（　　　）		
製造間接費	（　　　）		
	（　　　）		（　　　）

月次損益計算書

（単位：円）

売上高		12,300,000
売上原価		
月初製品棚卸高	（　　　）	
当月製品製造原価	（　　　）	
合　計	（　　　）	
月末製品棚卸高	（　　　）	
差　引	（　　　）	
原価差異	（　　　）	（　　　）
売上総利益		（　　　）
販売費及び一般管理費		2,513,000
営業利益		（　　　）

⇒ **解答は241ページ**

基本問題 **8-3**

　X製作所では，受注生産を行っており，製品原価の計算に実際個別原価計算を採用している。下記の(1)〜(5)の一連の取引について仕訳を示しなさい。なお，勘定科目については，次の中から最も適当と思われるものを選ぶこと。

製　　　品	賃金・給料	製造間接費	仕　掛　品	現　　　金
材　　　料	売　掛　金	買　掛　金	原価差異	当座預金

(1) 当月にA材料を14,000kg購入し，その代金5,040,000円は翌月の8日に支払う予定である。なお，当該購入に伴い当社負担の運送費，荷役費および保険料等の合計210,000円を小切手を振り出して支払った。

(2) A材料を，当月8日に製造指図書＃10向けに3,000kg，当月16日に製造指図書＃20向けに5,870kg，当月17日に製造指図書＃30向けに2,110kgを払い出した。なお，材料費の計算には先入先出法にもとづく実際払出価格を用いていて，A材料の月初有高は2,000kg（購入原価は780,000円）であった。ただし，

A材料の実際月末有高は4,800kgであり、棚卸減耗が発生していた。

(3) 直接工賃金の計算には、1,200円/時間の予定消費賃率を用いていて、製造指図書#10向けの実際直接作業時間は1,850時間、製造指図書#20向けの実際直接作業時間は1,600時間、製造指図書#30向けの実際直接作業時間は2,100時間であった。なお、当月に間接作業時間はなかった。

(4) 製造間接費の計算には、機械運転時間にもとづく予定配賦率を用いている。製造指図書#10向けの実際機械運転時間は1,050時間、製造指図書#20向けの実際機械運転時間は750時間、製造指図書#30向けの実際機械運転時間は1,200時間であった。なお、製造間接費予算（年間）は77,000,000円で、予定機械運転時間（年間）は35,000時間であった。

(5) 製造指図書#10と製造指図書#30が完成した。ただし、当月の製造費用は、上記の(2)、(3)および(4)のみであり、製造指図書#10には前月の製造費用2,200,000円が繰り越されてきている。

➡ 解答は243ページ

応用問題 **8-1**

H工場では、受注生産を行っており、実際個別原価計算を採用している。下記の資料にもとづいて、(1)4月の製造原価報告書を作成し、(2)4月の月次損益計算書における原価差異と売上原価（原価差異賦課後）の金額を答えなさい。

[資　料]……………………………………………………………………………………

1．当月の作業実績

製造指図書番号	直接材料消費量	直接作業時間	備　考
No. 301	540kg	140時間	3/16着手、3/30完成、4/12販売
No. 302	470kg	135時間	4/2着手、4/14完成、4/19販売
No. 303	390kg	170時間	4/15着手、4/23一部仕損、4/27完成、4/30現在在庫
No. 303-2	130kg	40時間	（注1）
No. 304	270kg	90時間	4/22着手、4/30現在仕掛中

（注1） No. 303-2は、仕損品となったNo. 303の一部を補修するために発行した補修指図書であり、当該仕損は正常なものであった。なお、当該補修作業は4月24日に開始し、4月25日に完了した。

115

2．直接材料費の計算については，予定消費価格である１kg当たり750円を用いていて，これは３月，４月とも同様であった。

3．直接労務費の計算については，予定賃率である１時間当たり1,300円を用いていて，これは３月，４月とも同様であった。

4．製造間接費については，直接作業時間を配賦基準として予定配賦している。年間の正常直接作業時間は7,200時間，年間の製造間接費予算は28,800,000円であった。

5．４月の製造間接費の実際発生額は1,812,000円であった。なお，月次損益計算においては，製造間接費の予定配賦から生じる配賦差異は原価差異として売上原価に賦課する。

(1)
製造原価報告書
(単位：円)

直 接 材 料 費	（　　　　　）
直 接 労 務 費	（　　　　　）
製 造 間 接 費	1,812,000
合　　　計	（　　　　　）
製造間接費配賦差異	（　　　　　）
当 月 製 造 費 用	（　　　　　）
月 初 仕 掛 品 原 価	（　　　　　）
合　　　計	（　　　　　）
月 末 仕 掛 品 原 価	（　　　　　）
当 月 製 品 製 造 原 価	（　　　　　）

(2)

原価差異　　　　　　　　　　＝ [　　　　　　　　　　] 円

売上原価（原価差異賦課後）＝ [　　　　　　　　　　] 円

なお，原価差異については，借方差異の場合は金額の前に「△」を付し，貸方差異の場合は何も付さず金額のみを解答しなさい。

➡ 解答は245ページ

第 **9** 章

総合原価計算

学習のポイント

　この章では，製造業の中で，私たちの身の回りにある製品を連続的に大量生産する企業が適用する総合原価計算を学びます。この総合原価計算は，製造工程や製品に応じてさまざまな計算方法があります。通常，次のような計算方法に分類されます。これらの各方法について，この章で理解することとします。

総合原価計算 { 単一工程単純総合原価計算（同種製品を単一工程で生産）
工程別総合原価計算（同種製品を連続する複数工程で生産）
等級別総合原価計算（同一工程で同種の等級別製品を連続生産）
組別総合原価計算（異種の組製品を連続生産）

1 総合原価計算の特徴 ·································

　総合原価計算は連続的に量産される製品を対象に行われる原価計算です。ここで製造される製品は，同じ，もしくは似たような製品を大量生産するため，基本的な考え方として，製品の**平均単位原価**を計算します。

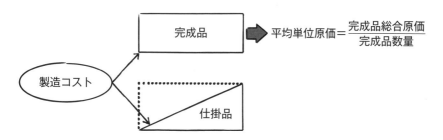

$$平均単位原価 = \frac{完成品総合原価}{完成品数量}$$

このために，総合原価計算では，完成品と月末仕掛品の原価の計算では，
進捗度（しんちょくど）を利用します。一般に，原材料については原料費または直接材料費と
して計算し，労務費と製造間接費は，進捗度が同じ場合が多いので，これを
合計して加工費として計算します。

★**進捗度**

　進捗度とは，完成品を100％としたとき，仕掛品にどれくらいの原
価が投入されているかを示す数値です。たとえば，加工は工程を通じ
て徐々に行われるので，加工費については，仕掛品が10kgあっても，
その進捗度が50％である場合は，完成品の50％相当の原価の投入が
あったものとして扱います。このように，進捗度は物理的な完成度で
はありません。仕掛品の数量に進捗度を乗じた数値は完成品換算量と
よびます。

　月初仕掛品がなければ，この進捗度を使って，当月製造費用を月末仕掛品
原価と完成品原価に配分できます。

例題9－1

　次の資料から月末仕掛品原価，完成品総合原価および完成品単位原価を求め
なさい。なお，原料は工程の始点で投入している。

[資　料]……………………………………………………………………………

［当月製造費用］

原料費	1,800,000円
加工費	440,000
	2,240,000円

［生産データ］

当月完成品	100kg	
月末仕掛品	20kg	
月末仕掛品進捗度	原料費	100％
	加工費	50％

（ＯＣＲ）解答へのアプローチ

　月初仕掛品がないので原料費，加工費の当月製造費用を完成品と月末仕掛品に配分します。このとき，原料は始点投入なので原料費の月末仕掛品の進捗度は100％，加工費は50％で計算します。

[解　答]⋯⋯⋯⋯⋯⋯⋯⋯⋯⋯⋯⋯⋯⋯⋯⋯⋯⋯⋯⋯⋯⋯⋯⋯⋯⋯⋯⋯⋯⋯⋯⋯⋯

(1)　月末仕掛品原価の計算

　原料は始点投入なので月末仕掛品の進捗度は100％として計算します。

$$\frac{1,800,000 円}{100kg + 20kg \times 100\%} \times 20kg \times 100\% = 300,000 円$$

　加工費計算では進捗度を考慮して計算します。

$$\frac{440,000 円}{100kg + 20kg \times 50\%} \times 20kg \times 50\% = 40,000 円$$

　月末仕掛品原価は原料費と加工費の合計です。

　　月末仕掛品原価＝月末仕掛品原料費＋月末仕掛品加工費

　　　　　　　　　＝300,000円＋40,000円＝340,000円

(2)　完成品原価総合の計算

　完成品総合原価は，当月製造費用から月末仕掛品原価を差し引いて計算します。

　　完成品総合原価＝2,240,000円－340,000円＝1,900,000円

　　完成品単位原価＝$\dfrac{1,900,000 円}{100kg}$＝19,000円/kg

2 月末仕掛品原価と完成品総合原価の計算 …………… （平均法と先入先出法）

前の例題9－1とは異なり，月初仕掛品があるとき，その原価を月末仕掛品に含めるかどうかにより，平均法と先入先出法のいずれかで計算します。

❶ 平均法

平均法では，月初仕掛品原価と当月製造費用の合計を完成品と月末仕掛品の両方に配分します。

$$月末仕掛品原価＝\frac{月初仕掛品原価＋当月製造費用}{完成品量＋月末仕掛品換算量}×月末仕掛品換算量$$

平均法の原価配分を図で表すと次のようになります。すなわち，「①と②」を「③と④」に配分していることになります。

図表9－1 平均法の原価配分

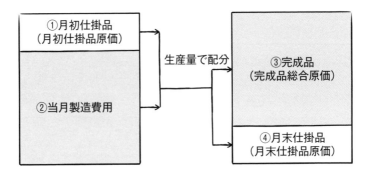

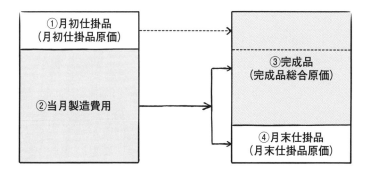
❷ 先入先出法

　先入先出法では，先に加工したものから先に完成させると考えて，月初仕掛品は，引き続き加工して完成品とし，続いて新たな製品製造に着手すると考えます。したがって，当月製造費用を完成品の当月作業分と月末仕掛品に配分します。

$$月末仕掛品原価 = \frac{当月製造費用}{完成品量 - 月初仕掛品換算量 + 月末仕掛品換算量} \times 月末仕掛品換算量$$

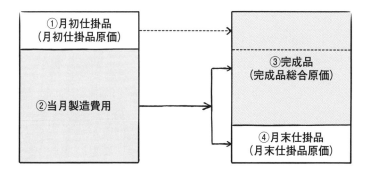

　先入先出法の原価配分を図で表すと次のようになります。すなわち，②を③の一部（③から①を差し引いた当月作業分の原価）と④に配分していることになります。

図表9－2 先入先出法の原価配分

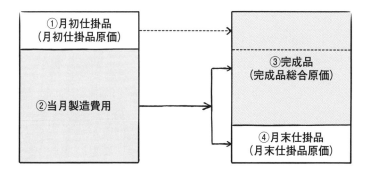

次の当月資料にもとづいて，(1)平均法および(2)先入先出法のそれぞれの方法で総合原価計算表を完成し完成品単位原価を計算しなさい。なお，原料は工程の始点で投入しており，（　）内は加工費の進捗度である。

[資　料]‥‥‥‥‥‥‥‥‥‥‥‥‥‥‥‥‥‥‥‥‥‥‥‥‥‥‥‥‥‥‥‥‥‥‥‥

[生産データ]

月初仕掛品	10,000kg（50％）
当月投入量	40,000
合　　計	50,000kg
月末仕掛品	20,000kg（50％）
完　成　品	30,000
合　　計	50,000kg

総合原価計算表　　　　　　（単位：円）

	原料費	加工費	合計
月初仕掛品	200,000	200,000	400,000
当月製造費用	600,000	700,000	1,300,000
合　　計	800,000	900,000	1,700,000
差引：月末仕掛品	（　　　　）	（　　　　）	（　　　　）
完成品総合原価	（　　　　）	（　　　　）	（　　　　）

完成品単位原価＝ ☐ 円/kg

😊解答へのアプローチ

前に示した月末仕掛品の計算式で月末仕掛品原価を計算し，完成品総合原価と完成品単位原価を計算します。

[解　答]‥‥‥‥‥‥‥‥‥‥‥‥‥‥‥‥‥‥‥‥‥‥‥‥‥‥‥‥‥‥‥‥‥‥‥‥

(1)　平均法

月末仕掛品の原料費

$$\frac{200,000円 + 600,000円}{30,000kg + 20,000kg \times 100\%} \times 20,000kg \times 100\% = 320,000円$$

月末仕掛品の加工費

$$\frac{200,000円 + 700,000円}{30,000kg + 20,000kg \times 50\%} \times 20,000kg \times 50\% = 225,000円$$

月末仕掛品原価＝320,000円＋225,000円＝545,000円

完成品総合原価＝1,700,000円－545,000円＝1,155,000円

完成品単位原価＝1,155,000円÷30,000kg＝38.5円/kg

したがって，総合原価計算表と完成品単位原価は次のようになります。

総合原価計算表　　　　（単位：円）

	原料費	加工費	合計
月初仕掛品	200,000	200,000	400,000
当月製造費用	600,000	700,000	1,300,000
合　計	800,000	900,000	1,700,000
差引：月末仕掛品	（　320,000)	（　225,000)	（　545,000)
完成品総合原価	（　480,000)	（　675,000)	（　1,155,000)

完成品単位原価＝ ┃ 38.5 ┃ 円/kg

(2)　先入先出法

月末仕掛品の原料費

$$\frac{600,000円}{30,000kg - 10,000kg \times 100\% + 20,000kg \times 100\%} \times 20,000kg \times 100\% = 300,000円$$

月末仕掛品の加工費

$$\frac{700,000円}{30,000kg - 10,000kg \times 50\% + 20,000kg \times 50\%} \times 20,000kg \times 50\% = 200,000円$$

月末仕掛品原価＝300,000円＋200,000円＝500,000円

完成品総合原価＝1,700,000円－500,000円＝1,200,000円

完成品単位原価＝1,200,000円÷30,000kg＝40円/kg

したがって，総合原価計算表と完成品単位原価は次のようになります。

総合原価計算表　　　　（単位：円）

	原料費	加工費	合計
月初仕掛品	200,000	200,000	400,000
当月製造費用	600,000	700,000	1,300,000
合　計	800,000	900,000	1,700,000
差引：月末仕掛品	（　300,000)	（　200,000)	（　500,000)
完成品総合原価	（　500,000)	（　700,000)	（　1,200,000)

完成品単位原価＝ ┃ 40 ┃ 円/kg

3 総合原価計算の記帳 ······················

総合原価計算の記帳では，仕掛品勘定を中心に次の記入が行われています。

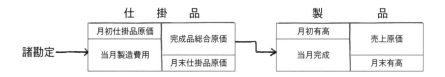

さまざまな仕訳の際には，上記の勘定連絡図にもとづいて記録を行うことになります。たとえば，例題9-2の平均法は次のように記入します。

仕掛品完成の仕訳は以下のようになります。

（借）製　　　品　1,155,000　（貸）仕　掛　品　1,155,000

4 総合原価計算と減損 ······················

総合原価計算では，投入した原料の一部が減損や仕損となり，完成品にならないことがあります。計算方法は同じなので，本章では減損で説明します。

> **★減損**
>
> 　投入した原料は，加工中に蒸発，粉散，ガス化，煙化等によって減少します。この減少分が減損です。減損については，良品を製造するために不可避的に発生する正常減損と，何らかの原因で通常の発生量を超えた異常減損があります。このうち，正常減損に投じた原価は，良品製造に必要なので，良品である完成品や月末仕掛品に負担させます。異常減損費は良品が負担するべきではないため，非原価とします。

124

正常減損の処理方法には次の2つの計算方法があります。

(1) 度外視法

(2) 非度外視法

本節では，工業簿記2級の出題範囲の度外視法について説明します。

度外視法とよばれる方法では，正常減損費を良品に負担させるとき，正常減損の発生点を考慮して，次のいずれかで減損や仕損を負担させることが一般的です。

$$\text{正常減損の発生}\begin{cases}\text{工程の途中……①　完成品と月末仕掛品が負担}\\\text{工程の終点……②　完成品のみ負担}\end{cases}$$

そのときの原価計算の方法は次のとおりです。

① 完成品と月末仕掛品が負担

正常減損分は投入しなかったものとして無視して計算します。

② 完成品のみ負担

月末仕掛品原価に正常減損の原価を含めないように計算します。

平均法では，このため次の式で月末仕掛品原価を計算します。

$$\text{月末仕掛品原価}=\frac{\text{月初仕掛品原価＋当月製造費用}}{\text{完成品＋月末仕掛品換算量＋}\underline{\text{減損量×進捗度}}}\times\text{月末仕掛品換算量}$$

先入先出法では次の式で計算します。

$$\text{月末仕掛品原価}=\frac{\text{当月製造費用}}{\text{完成品}-\text{月初仕掛品換算量}+\text{月末仕掛品換算量}+\underline{\text{減損量×進捗度}}}\times\text{月末仕掛品換算量}$$

例題9−3

　次の資料にもとづき，月末仕掛品原価，完成品総合原価，完成品単位原価を(1)平均法および(2)先入先出法で計算しなさい。なお，正常減損は工程の途中で発生している。

［生産データ］　　　　　　　　　　　　［原価データ］

月初仕掛品	800kg （50%）	月初仕掛品原価		
当月投入量	1,800	原 料 費	84,000円	
合　計	2,600kg	加 工 費	59,000	
差引：正常減損	200	小　計	143,000円	
月末仕掛品	600 （50%）	当月製造費用		
完成品	1,800kg	原 料 費	180,000円	
		加 工 費	340,000	
		小　計	520,000円	
		合　計	663,000円	

＊原料は工程の始点で投入しており，（　）内は加工費の進捗度である。

（😊）解答へのアプローチ

　工程の途中で減損が発生しているので，計算上，それを無視します。その結果，自動的に完成品と月末仕掛品に減損の原価が負担されます。

[解　答]………………………………………………………………………………………………

(1)　平均法

$$月末仕掛品原料費 = \frac{84,000円 + 180,000円}{1,800kg + 600kg} \times 600kg = 66,000円$$

$$月末仕掛品加工費 = \frac{59,000円 + 340,000円}{1,800kg + 600kg \times 50\%} \times 600kg \times 50\% = 57,000円$$

月末仕掛品原価 = 66,000円 + 57,000円 = 123,000円

完成品総合原価 = 663,000円 − 123,000円 = 540,000円

完成品単位原価 = 540,000円 ÷ 1,800kg = 300円/kg

(2)　先入先出法

$$月末仕掛品原料費 = \frac{180,000円}{1,800kg - 800kg + 600kg} \times 600kg = 67,500円$$

$$月末仕掛品加工費 = \frac{340,000円}{1,800kg - 800kg \times 50\% + 600kg \times 50\%} \times 600kg \times 50\%$$

$$= 60,000円$$

月末仕掛品原価＝67,500円＋60,000円＝127,500円

完成品総合原価＝663,000円－127,500円＝535,500円

完成品単位原価＝535,500円÷1,800kg＝297.5円/kg

例題9－4

次の資料にもとづき，月末仕掛品原価，完成品総合原価，完成品単位原価を(1)平均法および(2)先入先出法で計算しなさい。なお，正常減損は工程の終点で発生した。

[資　料]・・・

[生産データ]

月初仕掛品	600kg（50%）
当月投入量	1,600
合　計	2,200kg
差引：正常減損	200
月末仕掛品	400　（50%）
完成品	1,600kg

[原価データ]

月初仕掛品原価	
原料費	78,400円
加工費	43,400
小　計	121,800円
当月製造費用	
原料費	185,600円
加工費	336,600
小　計	522,200円
合　計	644,000円

＊原料は工程の始点で投入しており，（　）内は加工費の進捗度である。

😊解答へのアプローチ

工程の終点で減損が発生しているので，月末仕掛品に減損の原価が含まれないように，減損量を考慮した式で計算します。

[解　答]・・・

(1)　平均法

減損が含まれない月末仕掛品原価を計算しますが，終点発生なので進捗度は100%とします。

$$月末仕掛品原料費 = \frac{78,400円 + 185,600円}{1,600kg + 400kg + 200kg} \times 400kg = 48,000円$$

$$月末仕掛品加工費 = \frac{43,400円 + 336,600円}{1,600kg + 400kg \times 50\% + 200kg \times 100\%} \times 400kg \times 50\%$$

$$= 38,000円$$

月末仕掛品原価 = 48,000円 + 38,000円 = 86,000円

完成品総合原価 = 644,000円 − 86,000円 = 558,000円

完成品単位原価 = 558,000円 ÷ 1,600kg = 348.75円/kg

(2)　先入先出法

$$月末仕掛品原料費 = \frac{185,600円}{1,600kg - 600kg + 400kg + 200kg} \times 400kg = 46,400円$$

$$月末仕掛品加工費 = \frac{336,600円}{1,600kg - 600kg \times 50\% + 400kg \times 50\% + 200kg \times 100\%}$$

$$\times 400kg \times 50\% = 39,600円$$

月末仕掛品原価 = 46,400円 + 39,600円 = 86,000円

完成品総合原価 = 644,000円 − 86,000円 = 558,000円

完成品単位原価 = 558,000円 ÷ 1,600kg = 348.75円/kg

5 追加原材料の投入 ···

　ここまで原材料は1種類のみ始点で投入していましたが，製品によっては，工程の途中で別の原材料などを追加することがあります。このように，追加原材料がある場合，追加原材料については別に計算します。ここで，追加する原材料費の原価配分は次のようになります。

(1)　追加原材料の投入時点≦月末仕掛品進捗度……完成品と月末仕掛品に配分

(2)　追加原材料の投入時点＞月末仕掛品進捗度……完成品に配分

(3)　工程を通じて平均的に投入……完成品と月末仕掛品に配分

　ここで，(2)の場合は，追加原材料費を完成品原価に加えるだけですが，(1)と(3)は配分計算が必要になるので例題で説明します。

例題9−5

当社は工程の始点で原料Aを全量投入し，さらに工程の途中で原料Bを追加投入して製品Xを製造している。次の資料にもとづいて，先入先出法で月末仕掛品原価，完成品総合原価を求めなさい。なお，原料Bは，工程の進行度40%のところで完成品に含まれる全量を投入している。また，（ ）内は加工費の進捗度である。

[資　料]

[生産データ]

月初仕掛品	1,000個	(50%)
当月投入量	4,000	
合　計	5,000個	
月末仕掛品	2,000個	(50%)
完　成　品	3,000	
合　計	5,000個	

[原価データ]

月初仕掛品原価	
原　料　費	412,000円
加　工　費	222,000円
小　計	634,000円
当月製造費用	
原料A費	600,000円
原料B費	120,000円
加　工　費	700,000円
小　計	1,420,000円
合　計	2,054,000円

😊 解答へのアプローチ

原料Aは始点投入なので，通常の先入先出法で計算しますが，原料Bは追加投入の時点によって，前頁の(1)から(3)のいずれかで原料B費を配分します。

[解　答]

製品Xの月末仕掛品の原料Aは次のように計算します。

$$\frac{600,000円}{3,000個 - 1,000個 \times 100\% + 2,000個 \times 100\%} \times 2,000個 \times 100\% = 300,000円$$

次に原料Bは，「追加原材料の投入時点（40%）≦月末仕掛品進捗度（50%）」なので，前頁(1)のとおり，完成品と月末仕掛品の両者に配分しますが，進捗度を考慮せずに月末仕掛品にも対等に配分します。

$$\frac{120,000円}{3,000個 - 1,000個 \times 100\% + 2,000個 \times 100\%} \times 2,000個 \times 100\% = 60,000円$$

月末仕掛品の加工費も先入先出法で計算します。

$$\frac{700,000円}{3,000個-1,000個\times50\%+2,000個\times50\%}\times2,000個\times50\%=200,000円$$

月末仕掛品原価 = 300,000円 + 60,000円 + 200,000円 = 560,000円

完成品総合原価 = 2,054,000円 - 560,000円 = 1,494,000円

完成品単位原価 = 1,494,000円 ÷ 3,000個 = 498円/個

例題9 - 5とは異なり，128頁(3)のように，工程を通じて平均的に原材料を追加投入することがあります。

例題9-6

例題9 - 5において，原料Bを工程を通じて平均的に投入している場合の月末仕掛品原価を計算しなさい。なお，計算上割り切れなければ，小数点以下第1位で四捨五入すること。

☺**解答へのアプローチ**

工程を通じて平均的に投入している場合，完成品と月末仕掛品の両者に配分しますが，進捗度を考慮して配分します。

[解　答]

月末仕掛品原価の計算で，原料A費および加工費は前の例題9 - 5と同じなので，追加原材料である原料B費を計算します。このとき，進捗度を考慮して月末仕掛品に配分します。

$$\frac{120,000円}{3,000個-1,000個\times50\%+2,000個\times50\%}\times2,000個\times50\%=34,285.\overset{6}{7}\cdots円$$

月末仕掛品原価 = 300,000円 + 34,286円 + 200,000円 = 534,286円

6 等級別総合原価計算

ここまでの総合原価計算は同一工程で単一製品を製造している計算でしたが，製品によっては形状，大きさ，品位等によって区別できる同種製品があり，これを**等級製品**とよびます。S，M，Lなどサイズの異なるシャツは等

130

級製品の１つの例です。この等級製品の原価計算では，それぞれの製品の重量，長さ，面積，純分度，熱量，硬度等にもとづく，等級製品の原価負担比率である等価係数から製品原価を計算します。

★等級別総合原価計算の手続
等級別総合原価計算は，次の順番で計算します。
(1) 等価係数に生産量を乗じて積数を計算
(2) 積数の比率（等価比率）で完成品総合原価を等級製品に按分
(3) 等級製品の原価から製品単位原価を計算

例題9-7

次の資料にもとづき，当月の月末仕掛品原価，等級製品ＸおよびＹの完成品総合原価と完成品単位原価を先入先出法によって計算しなさい。なお，製品１個当たりの重量を等価係数とする。

[資　料]……………………………………………………………………………………

[生産データ]

月初仕掛品	200個	（50％）
当月投入	2,000	
合　計	2,200個	
月末仕掛品	600	（50％）
完　成　品	1,600個	

＊完成品は，Ｘが800個，Ｙが800個である。また，材料は工程の始点で投入し，（　）内は加工費の進捗度である。

[原価データ]（単位：円）　　　　　[製品１個当たりの重量]（単位：g）

月初仕掛品原価			Ｘ	Ｙ
直接材料費	64,000		100	25
加　工　費	60,000			
小　計	124,000			
当月製造費用				
直接材料費	480,000			
加　工　費	576,000			
小　計	1,056,000			
合　計	1,180,000			

131

　単純総合原価計算と同様に先入先出法で完成品全体の原価を計算し，次に等価係数，積数，等価比率により各等級製品に配分します。ここで等価係数は重量であることから，Ｘは100g，Ｙは25gなので，１と0.25とします。最後に完成品単位原価を計算します。

［解　答］……………………………………………………………………………………

月末仕掛品直接材料費 $= \dfrac{480,000円}{1,600個 - 200個 + 600個} \times 600個 = 144,000円$

完成品直接材料費 $= 64,000円 + 480,000円 - 144,000円 = 400,000円$

月末仕掛品加工費 $= \dfrac{576,000円}{1,600個 - 200個 \times 50\% + 600個 \times 50\%} \times 600個 \times 50\%$

$\qquad\qquad\qquad = 96,000円$

完成品加工費 $= 60,000円 + 576,000円 - 96,000円 = 540,000円$

ＸとＹの完成品総合原価 $= 400,000円 + 540,000円 = 940,000円$

等級製品	等価係数	×	生産量	=	積数	等価比率	按分原価
Ｘ	1		800個		800	8 /10	752,000円
Ｙ	0.25		800個		200	2 /10	188,000円

よって，

Ｘの完成品総合原価 $= 940,000円 \times \dfrac{8}{10} = 752,000円$

Ｘの完成品単位原価 $= 752,000円 \div 800個 = 940円/個$

Ｙの完成品総合原価 $= 940,000円 \times \dfrac{2}{10} = 188,000円$

Ｙの完成品単位原価 $= 188,000円 \div 800個 = 235円/個$

---

7 組別総合原価計算 ……………………………………………………

　組別総合原価計算は，自動車や家電製品などのように，同一の工程で異種製品を連続的に製造する場合の原価計算で，この異種製品を組製品として計算します。

★**組別総合原価計算の手続**

組別総合原価計算は，次の順番で計算します。

(1) 組直接費の各組への直課

(2) 組間接費の集計と各組への配賦

(3) 組別の完成品総合原価の計算と製品単位原価の計算

　この組別総合原価計算について，X，Yの組製品の原価配分を図に示すと次のとおりです。

図表9-3 組別総合原価計算の原価配分

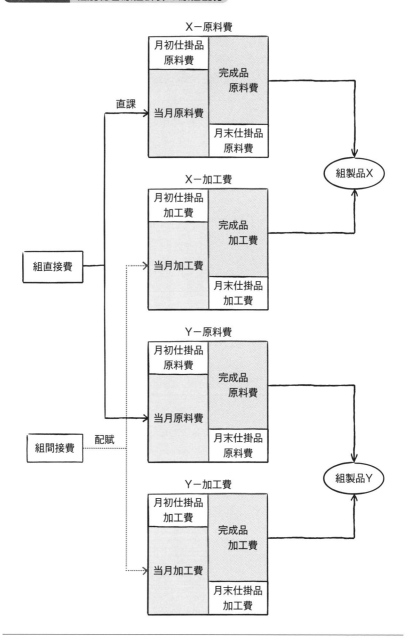

134

　次の資料にもとづいて，平均法による組別総合原価計算により，2つの組製品XとYのそれぞれの月末仕掛品原価，完成品総合原価，完成品単位原価を計算しなさい。

[資　料]……………………………………………………………………………

[生産データ]

	X組	Y組
月初仕掛品	200kg（50%）	300kg（50%）
当月投入量	800	600
合　計	1,000kg	900kg
月末仕掛品	400　（50%）	100　（50%）
完　成　品	600kg	800kg

＊原料は工程の始点で投入し，（　）内は加工費の進捗度である。

[原価データ]　　　　　　　　　（単位：円）

月初仕掛品原価	X組	Y組
原　料　費	60,000	32,000
加　工　費	40,000	100,000
当月製造費用		
原　料　費	190,000	220,000
加　工　費	400,000	

＊加工費は直接作業時間で実際配賦している。なお，当月の直接作業時間は，X組が400時間，Y組が600時間であった。

😊解答へのアプローチ

　組直接費である原料費は平均法で月末仕掛品原価と完成品総合原価を計算します。組間接費である加工費は当月製造費用を各等級製品に配賦し，平均法で月末仕掛品原価と完成品総合原価を計算します。最後に完成品単位原価を計算します。

$$X \text{ の月末仕掛品原料費} = \frac{60,000\text{円} + 190,000\text{円}}{600\text{kg} + 400\text{kg}} \times 400\text{kg} = 100,000\text{円}$$

$$Y \text{ の月末仕掛品原料費} = \frac{32,000\text{円} + 220,000\text{円}}{800\text{kg} + 100\text{kg}} \times 100\text{kg} = 28,000\text{円}$$

各組に直接作業時間により加工費を配賦し，月初仕掛品加工費と配賦された加工費を，平均法で月末仕掛品と完成品に配分します。

$$X \text{ の加工費配賦額} = \frac{400,000\text{円}}{400\text{時間} + 600\text{時間}} \times 400\text{時間} = 160,000\text{円}$$

同様に計算すると Y の加工費配賦額は240,000円になります。

$$X \text{ の月末仕掛品加工費} = \frac{40,000\text{円} + 160,000\text{円}}{600\text{kg} + 400\text{kg} \times 50\%} \times 400\text{kg} \times 50\% = 50,000\text{円}$$

$$Y \text{ の月末仕掛品加工費} = \frac{100,000\text{円} + 240,000\text{円}}{800\text{kg} + 100\text{kg} \times 50\%} \times 100\text{kg} \times 50\% = 20,000\text{円}$$

X の月末仕掛品原価 ＝ 100,000円 ＋ 50,000円 ＝ 150,000円

Y の月末仕掛品原価 ＝ 28,000円 ＋ 20,000円 ＝ 48,000円

X の完成品総合原価 ＝ 60,000円 ＋ 190,000円 ＋ 40,000円 ＋ 160,000円 － 150,000円
＝ 300,000円

X の完成品単位原価 ＝ 300,000円 ÷ 600kg ＝ 500円/kg

Y の完成品総合原価 ＝ 32,000円 ＋ 220,000円 ＋ 100,000円 ＋ 240,000円 － 48,000円
＝ 544,000円

Y の完成品単位原価 ＝ 544,000円 ÷ 800kg ＝ 680円/kg

8 工程別総合原価計算 ………………………………………………………

　ここまでは単一工程で製品を製造する原価計算でしたが，実際には，製品は組立，塗装などいくつかの工程を経て製造されています。この工程別原価計算には次の2つの計算方法があります。

(1) 累加法

(2) 非累加法

本節では，工業簿記２級の出題範囲の累加法について説明します。

★累加法

　累加法とは，最初の工程で計算した原料費と加工費による完成品原価を次の工程へ振り替え，その次工程では，これを前工程費として，その工程で生じた原価を加えて計算する工程別総合原価計算の方法です。

図表９－４　累加法の原価配分

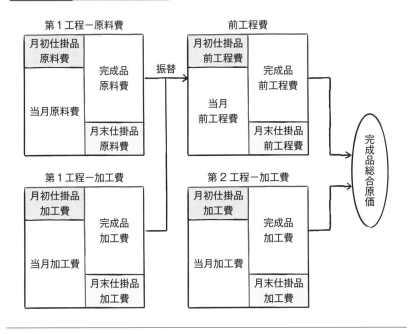

次の資料にもとづき，総合原価計算表を完成し，完成品単位原価を求めなさい。なお，工程別計算は累加法により，第１工程は平均法，第２工程は先入先出法で原価配分する。なお，減損は通常発生する正常なものであり度外視法により計算すること。

[資　料]‥‥‥

[生産データ]

	第１工程		第２工程	
月初仕掛品	400kg	（50％）	200kg	（50％）
当 月 投 入	2,000		2,200	
合　　計	2,400kg		2,400kg	
正 常 減 損	－		300	（終点）
月末仕掛品	200	（50％）	400	（50％）
完　成　品	2,200kg		1,700kg	

＊原料は第１工程の始点で投入している。（　）内は加工費の進捗度および減損発生点を示している。

総合原価計算表

	第　１　工　程			第　２　工　程		
	数量	原料費	加工費	数量	前工程費	加工費
月初仕掛品	400kg	90,000 円	52,000 円	200kg	80,000 円	24,000 円
当 月 受 入	2,000	390,000	500,000	2,200	（　　）	588,000
合　計	2,400kg	（　　）円	（　　）円	2,400kg	（　　）円	（　　）円
月末仕掛品	200	（　　）	（　　）	400	（　　）	（　　）
完　成　品	2,200kg	（　　）円	（　　）円	1,700kg	（　　）円	（　　）円

完成品単位原価 ＝ ◯◯◯◯◯　円/kg

😊解答へのアプローチ

　この問題は，累加法で計算しますが，第２工程で正常減損が発生しています。累加法の計算と正常減損の計算も必要になりますが，正常減損については，前に学習したとおり，減損の発生点を考慮して，完成品や月末仕掛品に負担させます。

[解 答] ....

(1) 第1工程

月末仕掛品原料費 $= \dfrac{90,000円 + 390,000円}{2,200\text{kg} + 200\text{kg} \times 100\%} \times 200\text{kg} \times 100\% = 40,000円$

月末仕掛品加工費 $= \dfrac{52,000円 + 500,000円}{2,200\text{kg} + 200\text{kg} \times 50\%} \times 200\text{kg} \times 50\% = 24,000円$

第1工程完成品原料費 $= 480,000円 - 40,000円 = 440,000円$

第1工程完成品加工費 $= 552,000円 - 24,000円 = 528,000円$

(2) 第2工程

第2工程では，前工程費を原料費のように計算します。なお，正常減損は終点発生なので，計算上，これを考慮して先入先出法で計算します。

月末仕掛品前工程費

$= \dfrac{968,000円}{1,700\text{kg} - 200\text{kg} \times 100\% + 300\text{kg} \times 100\% + 400\text{kg} \times 100\%} \times 400\text{kg} \times 100\%$

$= 176,000円$

月末仕掛品加工費 $= \dfrac{588,000円}{1,700\text{kg} - 200\text{kg} \times 50\% + 300\text{kg} \times 100\% + 400\text{kg} \times 50\%}$

$\times 400\text{kg} \times 50\% = 56,000円$

第2工程完成品前工程費 $= 1,048,000円 - 176,000円 = 872,000円$

第2工程完成品加工費 $= 612,000円 - 56,000円 = 556,000円$

第2工程完成品単位原価 $= (872,000円 + 556,000円) \div 1,700\text{kg} = 840円/\text{kg}$

総合原価計算表

	第　1　工　程			第　2　工　程		
	数量	原料費	加工費	数量	前工程費	加工費
月初仕掛品	400kg	90,000 円	52,000 円	200kg	80,000 円	24,000 円
当月受入	2,000	390,000	500,000	2,200	(968,000)	588,000
合 計	2,400kg	(480,000)円	(552,000)円	2,400kg	(1,048,000)円	(612,000)円
月末仕掛品	200	(40,000)	(24,000)	400	(176,000)	(56,000)
完 成 品	2,200kg	(440,000)円	(528,000)円	1,700kg	(872,000) 円	(556,000)円

完成品単位原価 = | 840 | 円/kg

次の資料により，組製品である甲製品と乙製品の仕掛品勘定を作成しなさい。なお，月末仕掛品はどちらも平均法で評価し，材料は工程の始点で投入する。

[資　料]……………………………………………………………………………………

(1)　月初仕掛品原価

	甲　製　品	乙　製　品
材料費	42,800円	45,600円
加工費	61,200円	82,400円

(2)　当月製造費用

①　当月製造原価のうち材料費は組直接費とする。

　　甲製品材料費　　248,700円　　　　乙製品材料費　　218,400円

②　当月加工費1,736,000円はすべて組間接費として，各組製品の製造のための作業時間で按分する。

　　甲製品作業時間　3,800時間　　　　乙製品作業時間　3,200時間

(3)　生産データ

	甲製品		乙製品	
月初仕掛品	300個	(60%)	280個	(50%)
当月投入量	5,200		4,520	
計	5,500個		4,800個	
月末仕掛品	500	(40%)	600	(30%)
完　成　品	5,000個		4,200個	

＊（　）内の数値は加工進捗度を示す。

甲製品仕掛品（単位：円）

前月繰越		甲　製　品	
材　料　費		次月繰越	
加　工　費			

乙製品仕掛品（単位：円）

前月繰越		乙　製　品	
材　料　費		次月繰越	
加　工　費			

➡ 解答は247ページ

　当工場は等級製品である製品 A1と製品 A2を連続生産しており，製品原価の計算方法は等級別総合原価計算を採用している。次の資料にもとづいて，各等級製品の①完成品総合原価と②完成品単位原価を計算しなさい。なお，材料はすべて工程の始点で投入しており，製品原価の計算は先入先出法によって計算すること。

[資　料]‥‥‥‥‥‥‥‥‥‥‥‥‥‥‥‥‥‥‥‥‥‥‥‥‥‥‥‥‥‥‥‥‥‥‥

1．生産データ

月初仕掛品　200個（70%）
当 月 投 入　700
　合　　計　900個
月末仕掛品　300　　（50%）
完　成　品　600個

＊　（　）内の数値は加工進捗度を示す。

2．原価データ

	直接材料費	加 工 費
月初仕掛品	50,000円	33,400円
当 月 投 入	276,500円	286,700円

3．各等級製品の完成品数量と等価係数

	製品 A1	製品 A2
完成品数量	500個	100個
等 価 係 数	1	5.4

製品 A1　①　完成品総合原価　＿＿＿＿＿＿＿＿＿＿円

　　　　　②　完成品単位原価　＠＿＿＿＿＿＿＿＿円

製品 A2　①　完成品総合原価　＿＿＿＿＿＿＿＿＿＿円

　　　　　②　完成品単位原価　＠＿＿＿＿＿＿＿＿円

➡ 解答は247ページ

標準製品Cを連続生産する某工場では，累加法による工程別総合原価計算を採用している。本年10月における製品Cの生産実績は次のとおりであった。

次の工程別総合原価計算表を完成しなさい。ただし，原価投入額合計を完成品総合原価と月末仕掛品原価とに配分する方法は，第1工程・第2工程とも平均法を用いること。

なお，完成品単位原価の計算において端数が生じた場合は，小数点第3位を四捨五入して小数点第2位まで計算しなさい。

[資　料]‥‥‥‥‥‥‥‥‥‥‥‥‥‥‥‥‥‥‥‥‥‥‥‥‥‥‥‥‥‥‥‥‥‥‥‥‥

〔10月の生産データ〕

	第1工程		第2工程	
月初仕掛品	12kg	（1/2）	30kg	（2/3）
当月投入	198		200	
合　計	210kg		230kg	
月末仕掛品	10kg	（1/2）	30kg	（2/3）
減　損	－		30	
完成品	200		170	
合　計	210kg		230kg	

(注1)　原料はすべて第1工程の始点で投入される。

(注2)　減損はすべて第2工程の終点で発生している。それは，通常発生する程度のものであり，正常減損である。

(注3)　（　　）内の数値は加工進捗度を示している。

月次工程別総合原価計算表（10月）　　　　　　（単位：円）

	第　1　工　程			第　2　工　程		
	原料費	加工費	合計	前工程費	加工費	合計
月初仕掛品原価	570	159	729	2,319	660	2,979
当月製造費用	9,510	5,376	14,886		6,270	
合　計	10,080	5,535	15,615		6,930	
差引：						
月末仕掛品原価						
完成品総合原価						
完成品単位原価						

➡ 解答は248ページ

製品 b を量産する宮城工場では，実際単純総合原価計算制度を採用している。当月の下記データにもとづき，以下の総合原価計算表と月次損益計算書を完成しなさい。

1．製品 b の製造に使用される直接材料はすべて工程の始点で投入される。

2．完成品と月末仕掛品への原価の配分は平均法による。

3．総合原価計算表の数量欄に付した（　）内は，加工進捗度を示す。

4．月初の製品有高は@60円で100個，合計6,000円であり，また月末の製品有高は100個であった。

5．当月の製品1個当たり売価は80円，販売量は1,800個であるが，売上原価の計算は先入先出法による。

6．変動販売費は製品の販売手数料と発送運賃であり，1個当たり3円である。

7．固定販売費及び一般管理費は月6,500円である。

総合原価計算表

	数　　量	直接材料費	加工費	合計
月初仕掛品	100個（1/2）	3,500円	2,000円	5,500円
当 月 投 入	2,000	74,200	40,900	115,100
計	2,100	77,700円	42,900円	120,600円
月末仕掛品	300 （1/2）			
差引完成品	1,800個			
単　　価		@　　円	@　　円	@　　円

月次損益計算書　　　　（単位：円）

売上高　　　　　　　　　　　　（　　　　　）
売上原価
　月初製品棚卸高　　（　　　　）
　当月製品製造原価　（　　　　）
　　　計　　　　　　（　　　　）
　月末製品棚卸高　　（　　　　）（　　　　）
　　売上総利益　　　　　　　　（　　　　）
販売費及び一般管理費
　変動販売費　　　　（　　　　）
　固定販売費及び一般管理費（　　　　）（　　　　）
　　営業利益　　　　　　　　　（　　　　）

➡ 解答は248ページ

第 10 章

標準原価計算

学習のポイント

この章では，原価を予定額で計算する標準原価計算を学びます。

➡事前に予定した原価標準に実際生産量を乗じて計算した標準原価と月末に判明した実際原価とを比較して，原価差異を計算し，その原因分析を行います。

➡原価差異の計算は，直接材料費，直接労務費，製造間接費のそれぞれについて行うので，この章では，3つの費目の原価差異の計算方法を説明します。

➡標準原価計算における勘定の記入法には，シングル・プランとパーシャル・プランという2つの種類があることも学びます。

1 標準原価計算の意義 ·······························

今まで学習してきたのは実際原価計算ですが，この実際原価計算には問題があることから，標準原価計算をたくさんの企業が採用しています。そこでの計算目的としては次の2つが特に重要です。

(1) 原価管理

(2) 計算・記帳の簡略化・迅速化

さらに，標準原価計算は財務諸表作成に利用できることも大きな特徴です。

2 標準原価計算の手続 ……………………………………

標準原価計算の手続は次の図のとおりです。

図表10-1 標準原価計算の基本ステップ

ステップ1	原価標準の設定：担当各部門の代表者による原価標準設定
ステップ2	標準原価の計算：原価標準から標準原価を計算
ステップ3	実際原価の計算：実際消費量，実際作業時間，実際原価の集計
ステップ4	標準・実際原価の差異計算：直接材料費，直接労務費，製造間接費の原価差異計算
ステップ5	原価差異の原因分析：どんな原因で差異が発生したかの分析
ステップ6	標準原価差額の会計処理：正常な差異と異常な差異の処理

3 原価標準の設定と標準原価カード ………………………

❶ 原価標準の設定

標準原価計算の最初の手続として，目標とするべき製品単位当たりの標準原価である原価標準を設定します。**原価標準**は下記の算式によって求めますが，消費量については科学的・統計的調査によって設定します。単価については予定または正常の価格・賃率を用います。製造間接費については変動予算と固定予算の2つの方法がありますが，変動予算による標準設定が望まれます。

> 原価標準 ＝ 資源の消費量 × 資源の単価

❷ 原価標準のタイプ

原価標準は，価格，能率，操業水準を仮定して設定しています。どのように仮定して原価標準とするかで次の３つに分かれます。

理想標準原価	達成するのが最も厳しい最高の水準で最低の原価標準を設定
正常原価	異常な状態を排除し，過去と将来を考慮した水準で原価標準を設定
現実的標準原価	短期を前提とし，良好な水準で達成が期待される水準で原価標準を設定

❸ 標準原価カード

直接材料費，直接労務費，製造間接費の各原価標準が決定すると，標準原価カードを作成します。これは次のようになっています。

図表10−2 標準原価カード

標準原価カード：製品X 標準設定日：20XX年4月1日 改訂日：

	（標準消費量）		（標準価格）	
直接材料費	5 kg	×	800円	4,000円
	（標準作業時間）		（標準賃率）	
直接労務費	2時間	×	1,200円	2,400円
	（標準作業時間）		（標準配賦率）	
製造間接費	2時間	×	800円	1,600円
				8,000円

4 標準・実際原価の差異計算 ………………………………

❶ 原価差異の計算

標準原価では，次のように原価差異を計算します。ここで，この差異の金額が，プラスだと実際のほうが多いので**不利差異**または**借方差異**，逆にマイナスの場合は**有利差異**あるいは**貸方差異**とよびます。

$$標準原価＝原価標準×実際生産量$$

$$標準原価差異＝実際原価－標準原価 \Rightarrow \begin{cases} （＋で）不利（借方差異） \\ （－で）有利（貸方差異） \end{cases}$$

　この標準原価差異を直接材料費，直接労務費，製造間接費のそれぞれについて計算します。これらの差異はさらにいくつかの差異に分析されます。

❷ 直接材料費の差異計算

直接材料費については次のように差異を計算します。

$$直接材料費総差異＝実際直接材料費－標準直接材料費$$

$$＝価格差異＋数量差異$$

$$標準直接材料費＝（完成品量－月初仕掛品換算量＋月末仕掛品換算量）$$

$$×直接材料費標準$$

$$価格差異＝（実際価格－標準価格）×実際材料消費量$$

$$数量差異＝（実際材料消費量－標準材料消費量）×標準価格$$

これらの差異の関係を図に示すと次のようになります。

図表10－3　直接材料費の差異

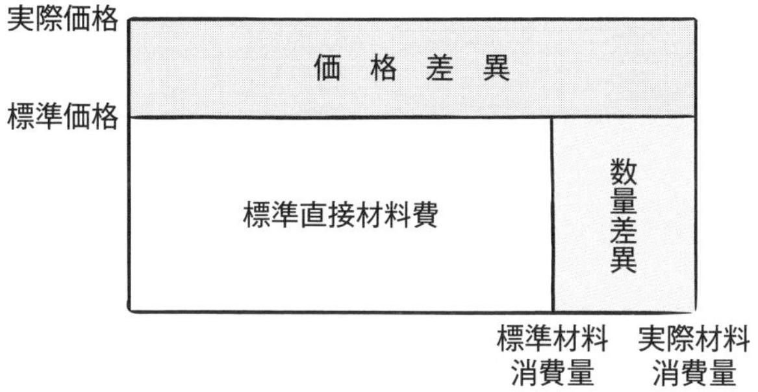

❸ 直接労務費の差異計算

直接労務費については次のように差異を計算します。

直接労務費総差異＝実際直接労務費－標準直接労務費
　　　　　　　　　＝賃率差異＋時間差異
標準直接労務費＝（完成品量－月初仕掛品換算量＋月末仕掛品換算量）
　　　　　　　　×直接労務費標準
賃率差異＝（実際賃率－標準賃率）×実際直接作業時間
時間差異＝（実際直接作業時間－標準直接作業時間）×標準賃率

これらの差異の関係を図に示すと次のようになります。

図表10－4 直接労務費の差異

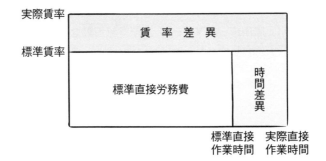

例題10−1

当社は標準原価計算を採用している。次の資料にもとづいて，下記の問に答えなさい。

[資　料]••

1．製品X1個の原価標準

標準原価カード：製品X				
	（標準消費量）		（標準価格）	
直接材料費	3 kg	×	200円	600円
	（標準作業時間）		（標準賃率）	
直接労務費	2時間	×	800円	1,600円
	（標準作業時間）		（標準配賦率）	
製造間接費	2時間	×	1,200円	2,400円
				4,600円

2．当月の実際直接材料費　240円/kg×14,000kg

3．当月の実際直接労務費　820円/時間×8,800時間

4．当月の生産データ　　月初仕掛品　　500個（進捗度50％）

　　　　　　　　　　　　当月完成品量　4,400個

　　　　　　　　　　　　月末仕掛品　　300個（進捗度50％）

5．直接材料は工程の始点ですべて投入している。

問1　当月の直接材料費の差異分析を行いなさい。なお，各差異については有利か不利か示すこと。

問2　当月の直接労務費の差異分析を行いなさい。なお，各差異については有利か不利か示すこと。

問1　直接材料費総差異＝ _____ 円（　　　　　差異）

　　　価格差異＝ _____ 円（　　　　　差異）

　　　数量差異＝ _____ 円（　　　　　差異）

問2　直接労務費総差異＝ _____ 円（　　　　　差異）

　　　賃率差異＝ _____ 円（　　　　　差異）

　　　時間差異＝ _____ 円（　　　　　差異）

(◠‿◠) 解答へのアプローチ

それぞれの差異を計算します。計算結果がプラスの場合は不利差異，マイナスは有利差異とします。

[解 答]‥‥‥‥‥‥‥‥‥‥‥‥‥‥‥‥‥‥‥‥‥‥‥‥‥‥‥‥‥‥‥‥‥‥‥‥‥‥

問1　直接材料費の差異計算

直接材料費総差異 = 実際直接材料費 - 標準直接材料費

= 実際直接材料費 - (完成品量 - 月初仕掛品換算量 + 月末仕掛品換算量) × 直接材料費標準

= (240円/kg × 14,000kg) - (4,400個 - 500個 + 300個) × 600円/個

= 840,000円 (プラスなので不利差異)

価格差異 = (実際価格 - 標準価格) × 実際材料消費量

= (240円/kg - 200円/kg) × 14,000kg = 560,000円 (不利差異)

数量差異 = (実際材料消費量 - 標準材料消費量) × 標準価格

= {14,000kg - (4,400個 - 500個 + 300個) × 3 kg} × 200円/kg

= 280,000円 (不利差異)

問2　直接労務費の差異計算

直接労務費総差異 = 実際直接労務費 - 標準直接労務費

= 実際直接労務費 - (完成品量 - 月初仕掛品換算量 + 月末仕掛品換算量) × 直接労務費標準

= (820円/時間 × 8,800時間) - (4,400個 - 500個 × 50% + 300個 × 50%) × 1,600円/個

= 336,000円 (不利差異)

賃率差異 = (実際賃率 - 標準賃率) × 実際直接作業時間

= (820円/時間 - 800円/時間) × 8,800時間 = 176,000円 (不利差異)

時間差異 = (実際直接作業時間 - 標準直接作業時間) × 標準賃率

= (8,800時間 - (4,400個 - 500個 × 50% + 300個 × 50%) × 2 時間) × 800円/時間

= 160,000円 (不利差異)

問1 　直接材料費総差異＝ | 840,000 | 円（　不利　差異）

価格差異＝ | 560,000 | 円（　不利　差異）

数量差異＝ | 280,000 | 円（　不利　差異）

問2 　直接労務費総差異＝ | 336,000 | 円（　不利　差異）

賃率差異＝ | 176,000 | 円（　不利　差異）

時間差異＝ | 160,000 | 円（　不利　差異）

❹ 製造間接費の差異計算

製造間接費については次のとおり差異を計算します。

> 製造間接費総差異＝実際製造間接費－標準製造間接費（標準配賦額）
>
> 標準製造間接費＝標準配賦率×（実際生産量に対する）標準作業時間
>
> 予算差異＝実際製造間接費－（実際作業時間×変動費率＋固定費）
>
> 能率差異＝（実際作業時間－標準作業時間）×標準配賦率
>
> 操業度差異＝（正常作業時間－実際作業時間）×固定費率

これらの差異の関係を図に示すと次のようになります。

図表10－5　製造間接費の差異

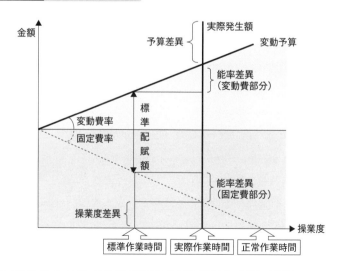

　A工業は，製品Ｚを生産し，標準原価計算を採用している。次の資料にもとづき，当月の製造間接費について，総差異，予算差異，能率差異，操業度差異を計算しなさい。

[資　料]‥‥‥‥‥‥‥‥‥‥‥‥‥‥‥‥‥‥‥‥‥‥‥‥‥‥‥‥‥‥‥‥‥‥‥‥‥

１．製造間接費予算（月間）　　　　変動費　1,440,000円
　　　　　　　　　　　　　　　　　固定費　1,920,000円
　　　　　　　　　　　　　　　　　合計　　3,360,000円

２．製品単位当たり標準直接作業時間　　　　　　4時間

３．当月正常直接作業時間　　　　　　　　　　6,000時間

４．当月実際製造間接費　　　　　　変動費　1,600,000円
　　　　　　　　　　　　　　　　　固定費　1,920,000円
　　　　　　　　　　　　　　　　　合計　　3,520,000円

５．当月生産データ　　　　　　　　月初仕掛品　　100kg（進捗度50%）
　　　　　　　　　　　　　　　　　当月完成品　1,250kg
　　　　　　　　　　　　　　　　　月末仕掛品　　200kg（進捗度50%）

６．当月実際直接作業時間　　　　　　　　　　5,400時間

☺解答へのアプローチ

　それぞれの差異を計算します。計算結果がプラスの場合は不利差異，マイナスは有利差異とします。

[解　答]‥‥‥‥‥‥‥‥‥‥‥‥‥‥‥‥‥‥‥‥‥‥‥‥‥‥‥‥‥‥‥‥‥‥‥‥‥

　　変動費率＝1,440,000円÷6,000時間＝240円/時

　　固定費率＝1,920,000円÷6,000時間＝320円/時

　　総差異＝3,520,000円－(240円/時＋320円/時)×(1,250kg－100kg×50%
　　　　　　＋200kg×50%)個×4時間/個＝608,000円（不利）

　　予算差異＝3,520,000円－(240円/時×5,400時間＋1,920,000円)
　　　　　　＝304,000円（不利）

　　能率差異＝(5,400時間－5,200時間)×(240円/時＋320円/時)＝112,000円（不利）

　　操業度差異＝(6,000時間－5,400時間)×320円/時＝192,000円（不利）

5 標準原価の勘定記入 ······································

　標準原価計算は，どの段階で標準原価を複式簿記機構に組み入れるかによって**パーシャル・プラン**と**シングル・プラン**に区別されます。2つの方法の勘定連絡図は次のようになります。ここで明らかなように，標準原価計算の基本として，これまでの例題ではパーシャル・プランを学習していました。

図表10－6　パーシャル・プランとシングル・プランの勘定連絡図

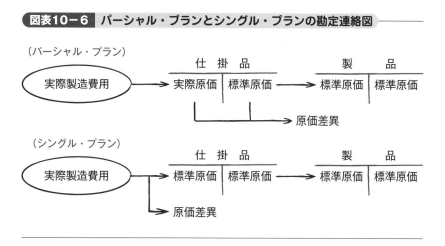

A工業はシングル・プランの標準原価計算を採用している。次の資料にもとづき，仕掛品勘定の（　　）内に直接材料費の金額を記入しなさい。

[資　料]‥‥‥‥‥‥‥‥‥‥‥‥‥‥‥‥‥‥‥‥‥‥‥‥‥‥‥‥‥‥‥‥‥‥‥‥

① 直接材料費標準

　　直接材料費‥‥‥‥180円/kg×4kg（材料は始点投入）

② 当月の実際直接材料費　200円/kg×18,000kg

③ 当月生産データ　月初仕掛品　　　100個

　　　　　　　　　　当月完成品量　　4,000個

　　　　　　　　　　月末仕掛品　　　200個

仕　掛　品　　　　　　　　　（単位：円）

月 初 有 高		製　　　品
直接材料費	（　　　　　）	月 末 有 高
直接労務費		
製造間接費		

😊解答へのアプローチ

シングル・プランの場合，仕掛品勘定の借方には標準原価が記入されます。この問題では直接材料費のみ記入しますが，直接材料費の原価標準をもとに計算した金額を記入します。

[解　答]‥‥‥‥‥‥‥‥‥‥‥‥‥‥‥‥‥‥‥‥‥‥‥‥‥‥‥‥‥‥‥‥‥‥‥‥

当月材料標準消費量＝（4,000個－100個＋200個）×4kg/個＝16,400kg

当月直接材料費＝180円/kg×16,400kg＝2,952,000円

仕　掛　品　　　　　　　　　（単位：円）

月 初 有 高		製　　　品
直接材料費	（　2,952,000）	月 末 有 高
直接労務費		
製造間接費		

6 原価差異の会計処理 ·····································

標準原価と実際原価との差額である原価差異は異常な差異か正常な差異かによって次のように会計処理します。

> 異常な差異 ⟶ 非原価
> 正常な差異 ⟶ 原則として売上原価に賦課

正常な差異の場合，次のように，月次の損益計算書では，不利差異の金額は追加し，有利差異の金額は差し引きます。

月次損益計算書

売上高		××
売上原価		
月初製品棚卸高	××	
当月製品製造原価	××	
合　計	××	
月末製品棚卸高	××	
標準売上原価	××	
原価差異	××	××
売上総利益		××

　製品 A を量産する B 工場では，パーシャル・プランによる標準原価計算を採用している。下記の 1 から 3 の資料にもとづいて，(1)原価標準（単位当たり標準原価），(2)直接材料費の消費量差異，(3)直接労務費の直接作業時間差異および(4)製造間接費の予算差異を計算しなさい。また，仕掛品勘定の（　　）内に適切な数字を記入しなさい（原価差異には，直接材料費，直接労務費および製造間接費の総差異の合計額を記入すること）。

[資　料]‥‥‥‥‥‥‥‥‥‥‥‥‥‥‥‥‥‥‥‥‥‥‥‥‥‥‥‥‥‥‥‥‥‥‥‥‥

1．当月の生産に関する資料

　当月完成品完成量：400単位

　月 末 仕 掛 品 量： 80単位（1／2）

　（注1）　直接材料は工程の始点で投入される。

　（注2）　（　）内の数値は加工進捗度を示している。

　（注3）　月初仕掛品はなかった。

2．当月の実際発生額に関する資料

　直接材料費：22,500,000円（実際消費量25,000kg）

　直接労務費：16,650,000円（実際直接作業時間37,000時間）

　製造間接費： 8,029,000円

3．当月の標準と予算に関する資料

　直接材料費の標準消費価格：880円／kg

　直接材料費の標準消費量：50kg／単位

　直接労務費の標準消費賃率：410円／時間

　直接労務費の標準直接作業時間：82時間／単位

　製造間接費月次予算：8,100,000円（変動費：3,600,000円，固定費：4,500,000円）

　（注）　製造間接費は直接作業時間を基準として製品に標準配賦されている（月間基準操業度＝37,500時間）。

(1)		円/単位
(2)		円（　　　）
(3)		円（　　　）
(4)		円（　　　）

(注)　(2)～(4)の（　）内には，借方差異の場合は借方，貸方差異の場合は貸方と記入すること。

<table>
<tr><td colspan="2" align="center">仕　掛　品</td><td colspan="2" align="right">（単位：円）</td></tr>
<tr><td>直 接 材 料 費</td><td>（　　　　）</td><td>完　　成　　高</td><td>（　　　　）</td></tr>
<tr><td>直 接 労 務 費</td><td>（　　　　）</td><td>月 末 有 高</td><td>（　　　　）</td></tr>
<tr><td>製 造 間 接 費</td><td>（　　　　）</td><td>原 価 差 異</td><td>（　　　　）</td></tr>
<tr><td></td><td>（　　　　）</td><td></td><td>（　　　　）</td></tr>
</table>

標準原価計算

　製品Aを量産するY社は，パーシャル・プランの標準原価計算を採用している。次の資料にもとづき，製造間接費の差異分析を行いなさい。なお，差異分析では変動予算を用いて，予算差異，能率差異，操業度差異を計算すること。このとき，能率差異は変動費と固定費からなるものとして計算しなさい。

[資　料]‥‥‥‥‥‥‥‥‥‥‥‥‥‥‥‥‥‥‥‥‥‥‥‥‥‥‥‥‥‥‥‥‥‥‥

１．当月実際製造間接費　　1,223,000円　　　内訳：変動費　483,000円

　　　　　　　　　　　　　　　　　　　　　　　　固定費　740,000円

２．当月の実際直接作業時間は4,800時間であった。

３．当月生産データ　　月初仕掛品　400個（進捗度75%）

　　　　　　　　　　　当月完成品　900個

　　　　　　　　　　　月末仕掛品　300個（進捗度50%）

４．製品Aの1個当たりの標準直接作業時間は6時間である。

５．年間製造間接費予算　15,000,000円　　　内訳：変動費　6,000,000円

　　　　　　　　　　　　　　　　　　　　　　　　固定費　9,000,000円

６．年間の正常直接作業時間は60,000時間である。

　（注）　製造間接費は直接作業時間を基準として製品に標準配賦されている。

製造間接費総差異	円　（　　）
予算差異	円　（　　）
能率差異	円　（　　）
操業度差異	円　（　　）

　（注）　（　）内には，借方差異ならば借，貸方差異ならば貸と記入すること。

➡ 解答は252ページ

次の資料にもとづき，(1)パーシャル・プランの場合と(2)シングル・プランの場合の仕掛品勘定と製品勘定への記入を行いなさい。

[資 料]‥‥‥‥‥‥‥‥‥‥‥‥‥‥‥‥‥‥‥‥‥‥‥‥‥‥‥‥‥‥‥

1．X製品1個当たりの標準原価

直接材料費……@ 60円×4 kg ＝ 240円

直接労務費……@400円×0.3時間＝ 120円

製造間接費……@500円×0.3時間＝ 150円

合 計 510円

2．当月の生産・販売データ

月初仕掛品	0個		月 初 製 品	25個
当 月 投 入	240個		当 月 完 成	200個
合 計	240個		合 計	225個
月末仕掛品	40個 (50%)		月 末 製 品	20個
完 成 品	200個		当 月 販 売	205個

(注) 材料はすべて始点で投入している。また（ ）内は加工進捗度を示す。

3．実際原価に関するデータ

① 直接材料費実際発生額 57,800円

② 直接労務費実際発生額 26,800円

③ 製造間接費実際発生額 34,000円

(1) パーシャル・プランの場合

	仕 掛 品		（単位：円）
直接材料費	（　　　　）	製　　　品	（　　　　）
直接労務費	（　　　　）	月 末 有 高	（　　　　）
製造間接費	（　　　　）	原 価 差 異	（　　　　）
	（　　　　）		（　　　　）

	製 　 品		（単位：円）
月 初 有 高	（　　　　）	売 上 原 価	（　　　　）
仕 　 掛 　 品	（　　　　）	月 末 有 高	（　　　　）
	（　　　　）		（　　　　）

(2) シングル・プランの場合

<table>
<tr><td colspan="4" align="center">仕　掛　品</td><td align="right">（単位：円）</td></tr>
<tr><td>直接材料費</td><td>（　　　　　）</td><td>製　　品</td><td>（　　　　　）</td></tr>
<tr><td>直接労務費</td><td>（　　　　　）</td><td>月 末 有 高</td><td>（　　　　　）</td></tr>
<tr><td>製造間接費</td><td>（　　　　　）</td><td></td><td></td></tr>
<tr><td></td><td>（　　　　　）</td><td></td><td>（　　　　　）</td></tr>
</table>

<table>
<tr><td colspan="4" align="center">製　　品</td><td align="right">（単位：円）</td></tr>
<tr><td>月 初 有 高</td><td>（　　　　　）</td><td>売 上 原 価</td><td>（　　　　　）</td></tr>
<tr><td>仕　掛　品</td><td>（　　　　　）</td><td>月 末 有 高</td><td>（　　　　　）</td></tr>
<tr><td></td><td>（　　　　　）</td><td></td><td>（　　　　　）</td></tr>
</table>

基本問題 10-4

株式会社Ｆ工業では製品Ａを製造している。製品Ａの標準原価カードは次のとおりであるとして，各差異を計算しなさい。ただし，製造間接費は変動予算を用いて分析し，能率差異は（実際直接作業時間－標準直接作業時間）×標準配賦率により計算すること。また，今月の実際生産量は完成品のみ1,000個であった。

[資　料]..

1．標準原価カード

直接材料費	520円/kg	32kg	16,640円
直接労務費	2,300円/時	2時間	4,600
製造間接費	3,300円/時	2時間	6,600
製品Ａ1個当たり標準製造原価			27,840円

2．月次公式法変動予算

変 動 費 率　1,700円/時

固定費予算額　3,360,000円

基 準 操 業 度　2,100時間

3．実際原価データ

直接材料費　16,965,000円（32,500kg）

直接労務費　4,914,900円（2,150時間）

製造間接費　8,316,200円

直接材料費差異	円	(	)
価 格 差 異	円	(	)
数 量 差 異	円	(	)
直接労務費差異	円	(	)
賃 率 差 異	円	(	)
時 間 差 異	円	(	)
製造間接費差異	円	(	)
予 算 差 異	円	(	)
能 率 差 異	円	(	)
操業度差異	円	(	)

※（　）内には有利差異または不利差異を明示すること。

➡ 解答は253ページ

製品Xを生産するG製作所では，標準総合原価計算を採用している。G製作所の当月の製造に関するデータから，仕掛品勘定および損益計算書を完成しなさい。なお，仕掛品勘定の借方には実際発生額を記入し，貸方には標準原価を記入する方法（パーシャル・プラン）による。

[資 料]……………………………………………………………………………

(1) 製品X1個当たり標準製造原価

直接材料費　　2 kg　　×@60円＝　　120円
直接労務費　　1 時間　×@80円＝　　　80円
製造間接費　　1 時間　×@80円＝　　　80円
　合　　計　　　　　　　　　　　　　280円

（注）　直接材料は加工の進行に伴い，順次投入する。

(2) 製造に関するデータ

月初仕掛品　　60個（50％）

当 月 完 成　　100個

月末仕掛品　　30個（50％）

（注）　（　）内は加工進捗度を示す。また，製造間接費配賦基準は直接作業時間である。

(3) 実際原価に関するデータ

直接材料消費額　　　　10,400円（実際単価65円　実際消費量160kg）

直接賃金消費額　　　　7,000円（実際賃率70円　実際直接作業時間100時間）

製造間接費実際発生額　7,100円

(4) 製品の受払いデータ

月初製品　　50個

月間完成　　100個

月間販売　　110個

月末製品　　40個

(5) 標準原価差額はすべて正常なものであり，全額を売上原価に賦課する。

仕 掛 品　　　　　　（単位：円）

月 初 有 高	（　　　　）	製　　　品	（　　　　）
材　　　料	10,400	月 末 有 高	（　　　　）
賃　　　金	7,000	原 価 差 異	（　　　　）
製 造 間 接 費	7,100		
（　　　　）			（　　　　）

損 益 計 算 書　　　　（単位：円）

Ⅰ　売上高　　　　　　　　　　　　　　45,000
Ⅱ　売上原価
　1．月初製品棚卸高　　（　　　　）
　2．当月製品製造原価　（　　　　）
　　　合　　計　　　　　（　　　　）
　3．月末製品棚卸高　　（　　　　）
　　　差　　引　　　　　（　　　　）
　4．原 価 差 異　　　（　　　　）（　　　　）
　　　売 上 総 利 益　　　　　　　　（　　　　）
Ⅲ　販売費及び一般管理費　　　　　　　3,080
　　　営 業 利 益　　　　　　　　　　（　　　　）

➡ 解答は254ページ

原価・営業量・利益関係の分析

学習のポイント

　この章では，原価・営業量・利益関係の分析（CVP分析）について学びます。

➡原価・営業量・利益関係の分析とは

　営業量の変化によって，原価や利益がどのように変化するのかをみるための分析をいいます。CVP分析ないし損益分岐分析とよばれます。

➡CVP分析の基本公式

　利益がゼロとなる点（損益分岐点といいます）の販売量，売上高，目標利益を達成する販売量，売上高，目標売上高営業利益率を達成する売上高を算出するための基本公式を学びます。

➡貢献利益概念

　貢献利益とは，売上高から変動費を引いたものであり，固定費を回収し，営業利益を創出することに貢献します。

➡安全余裕率，損益分岐点比率，経営レバレッジ係数

　営業量が現在の営業量からどれだけ減少すると利益がゼロになるのか（安全余裕率），現在の営業量のどれだけの割合の営業量になると利益がゼロになるのか（損益分岐点比率），営業量の変化に対し営業利益はどれだけ変化するのか（経営レバレッジ係数）を示す指標について学びます。

1 原価・営業量・利益関係の分析（CVP分析）とは

原価・営業量・利益関係の分析（cost-volume-profit analysis：**CVP分析**）とは，営業量の変化によって，原価や利益がどのように変化するのかをみるための分析のことをいいます。その分析は，**損益分岐分析**（breakeven analysis）ともよばれます。CVP分析は，過去のデータを用いて事後的に分析することもありますが，向こう１年間の利益目標を達成するための利益計画（大綱的利益計画とよばれます）を設定するときに用いられます。

CVP分析を行う際は，原価を営業量の増減と比例的に増減する原価（**変動費**）と，営業量が増減してもある一定期間は変化しない原価（**固定費**）とに分解します。変動費と固定費は図示すると図表11－１のようになります。変動費の例としては，直接材料費や直接労務費があげられ，固定費の例として，職員の給料，減価償却費，火災保険料があげられます。原価を変動費と固定費に分解する方法については第12章で説明します。

図表11－1　変動費と固定費

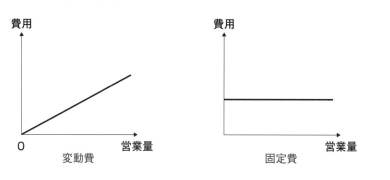

2 CVP図表

CVP図表とは，横軸に営業量，縦軸に収益・費用を取る座標の上に，売上高線と総費用（総原価）線を描いた図表です。CVP図表は，損益分岐図表ともよばれます。

165

売上高線と総原価線が交わる点は，売上高（収益）＝総原価（総費用），すなわち，利益がゼロとなる点であることを意味します。このような点を**損益分岐点**（breakeven point）といいます。それ以外の各営業量における売上高線の額（すなわち収益）と総原価線の額（すなわち総費用）の差額は，利益（損失）額を意味することとなります。

　横軸の営業量には，販売量を用いる場合（すなわち数量を単位とする）と売上高を用いる場合（すなわち金額を単位とする）とがあります。

❶ 販売量を営業量とする場合

　販売量を営業量とする場合の CVP図表は図表11－2のようになります。売上高線は，製品の販売単価（図表11－2の p）を傾きとする右肩上がりの直線として描かれます。総費用線は，固定費線が，営業量にかかわらず一定の額（図の F）であるため横軸に平行な直線として描かれ，その上に，変動費線を加えた形で描かれます。変動費線は，製品1単位当たりにかかる変動費の額（図の v_1）を傾きとする右肩上がりの直線となります。

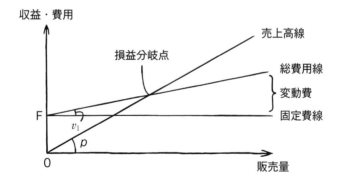

❷ 売上高を営業量とする場合

　売上高を営業量とする場合の CVP図表は図表11－3のようになります。売上高線は，傾きを45度とする右肩上がりの直線となります。なぜなら，縦

軸・横軸はともに金額ベースであり，各営業量における売上高線の縦軸と横軸の大きさは常に一致するためです（正方形の対角線の角度が45度であるのと同様です）。固定費線は，❶の場合と同様，縦軸を固定費額（図表11－2のＦ）とする横軸に平行な直線として描かれます。変動費線は変動費を売上高で割った変動費率（図表11－3の v_2）を傾きとする右肩上がりの直線となります。

図表11－3 CVP図表（営業量を売上高とする場合）

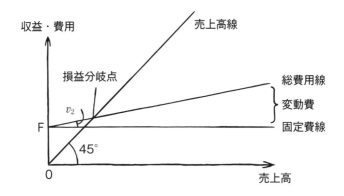

★**変動費率**
　売上高の中に占める変動費の割合をいいます。たとえば，売上高が10,000円で変動費が4,000円であれば，変動費率は0.4（40％）と算出されます。同様に❹で説明する貢献利益率とは，売上高の中に占める貢献利益の割合をいいます。

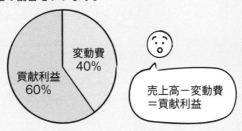

3 CVP分析の基本公式 ··················

　CVP分析では，損益分岐点の販売量および売上高，**目標営業利益**を獲得するための販売量および売上高，目標売上高営業利益率を獲得するための売上高などが計算されます。以下では，それらの販売量または売上高を計算するための公式を説明します。その際，次のように定めた記号を用いることとします。

p ：製品の販売単価

Q ：製品の販売量

S ：売上高

V ：変動費

v_1：製品単位当たり変動費（$=V/Q$）

v_2：変動費率（$=V/S$）

F ：固定費

g ：目標営業利益

r ：目標売上高営業利益率

❶ 損益分岐点の販売量（Q_{BE}）

図表11－4 損益分岐点や目標営業利益を達成する販売量

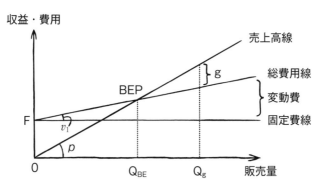

損益分岐点は，図表11－4のCVP図表においてBEP（Break-even point）と示されている点であり，その販売量を Q_{BE} と表します。ここでは，求めたい営業量は販売量であることから，販売量を横軸にとった図表を用いています。

損益分岐点では，売上高＝変動費＋固定費の関係が成り立ちますので，前記の記号を用いれば，$p \cdot Q_{BE} = v_1 \cdot Q_{BE} + F$ と示されます。これを展開すると，次のような公式が求められます。

$Q_{BE} = F / (p - v_1)$

$$損益分岐点の販売量 = \frac{固定費}{販売単価 - 単位当たり変動費}$$

❷ 目標営業利益を達成する販売量（Q_g）

目標営業利益を達成するための販売数量は，図表11－4のCVP図表において Q_g と示した点となります。そのような販売量のもとでは，売上高＝変動費＋固定費＋目標営業利益の関係が成り立ちますので，前記の記号を用いれば，$p \cdot Q_g = v_1 \cdot Q_g + F + g$ と示されます。これを展開すると，次のような公式が求められます。

$Q_g = (F + g) / (p - v_1)$

$$目標営業利益を達成する販売量 = \frac{固定費 + 目標営業利益}{販売単価 - 単位当たり変動費}$$

❸ 損益分岐点の売上高（S_{BE}）

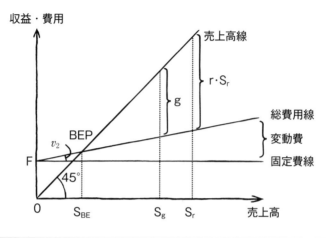

図表11－5のCVP図表において，損益分岐点はBEP，損益分岐点における売上高は S_{BE} と示した点になります。売上高＝変動費＋固定費の関係が成り立ちますので，前記の記号を用いれば，$S_{BE} = v_2 \cdot S_{BE} + F$ と示されます。これを展開すると，次のような公式が求められます。

$$S_{BE} = F / (1 - v_2)$$

$$損益分岐点の売上高 = \frac{固定費}{1 - 変動費率}$$

❹ 目標営業利益を達成する売上高（S_g）

目標営業利益を達成する売上高は，図表11－5のCVP図表において，S_g と示した点になります。売上高＝変動費＋固定費＋目標営業利益の関係が成り立ちますので，前記の記号を用いれば，$S_g = v_2 \cdot S_g + F + g$ と示されます。これを展開すると，次のような公式が求められます。

$$S_g = (F + g) / (1 - v_2)$$

目標営業利益を達成する売上高 $= \dfrac{\text{固定費} + \text{目標営業利益}}{1 - \text{変動費率}}$

❺ 目標売上高営業利益率を達成する売上高（S_r）

売上高営業利益率は，営業利益を売上高で割ったものです。それゆえ，目標売上高営業利益率＝目標営業利益÷売上高の式を変形すると，目標営業利益＝目標売上高営業利益率×売上高となりますので，図表11−5のCVP図表において，目標売上高営業利益率を達成する売上高は S_r で示した点となります。売上高＝変動費＋固定費＋目標売上高営業利益率×売上高の関係が成り立ちますので，前記の記号を用いれば，$S_r = v_2 \cdot S_r + F + r \cdot S_r$ と示されます。これを展開すると，次のような公式が求められます。

$$S_r = F / (1 - v_2 - r)$$

目標売上高営業利益率を達成する売上高 $= \dfrac{\text{固定費}}{1 - \text{変動費率} - \substack{\text{目標売上高} \\ \text{営業利益率}}}$

例題11−1

岡崎製作所は，製品Mを製造・販売している。製品Mに関する次の資料にもとづいて，以下の(1)から(5)を計算しなさい。

[資　料]..

販売単価	800円
製品1個当たり変動売上原価	
原料費	150円
加工費	130円
製品1個当たり変動販売費	20円
固定費（年間）	
製造原価	3,250,000円
販売費及び一般管理費	2,000,000円

(1) 損益分岐点の販売量

(2) 損益分岐点の売上高

(3) 目標営業利益1,600,000円を達成する販売量

(4) 目標営業利益1,750,000円を達成する売上高

(5) 目標売上高営業利益率10%を達成する売上高

☺ 解答へのアプローチ)

　CVP分析の各基本公式を用いるか，または，収益＝費用＋利益の関係に各数値を当てはめて計算します。

[解　答]‥‥

(1) $X_{BE} = \dfrac{3{,}250{,}000円 + 2{,}000{,}000円}{800円 - 150円 - 130円 - 20円} = 10{,}500個$

(2) 変動費率＝300円÷800円＝0.375，$S_{BE} = 5{,}250{,}000円 \div (1 - 0.375) = 8{,}400{,}000円$

(3) $X_g = \dfrac{5{,}250{,}000円 + 1{,}600{,}000円}{500円} = 13{,}700個$

(4) $S_g = (5{,}250{,}000円 + 1{,}750{,}000円) \div (1 - 0.375) = 11{,}200{,}000円$

(5) $S_r = \dfrac{5{,}250{,}000円}{(1 - 0.375) - 0.1} = 10{,}000{,}000円$

---

4 貢献利益概念 ‥‥‥‥‥‥‥‥‥‥‥‥‥‥‥‥‥‥‥‥‥‥‥‥‥‥‥‥

❶ 貢献利益概念の重要性

　ここまで，CVP図表の総費用線を描く際には，まず固定費線を描き，その上に変動費線をのせるという形を取りました。CVP図表の総費用線の描き方としては，まず変動費線を描きその上に固定費線をのせるという方法もあります。その場合は，図表11－6のような図表になります。ここで，売上高線と変動費線に挟まれた斜線の部分は，貢献利益の金額を示すこととなります。

　貢献利益とは，売上高から変動費を差し引くことによって計算される利益をいいます。CVP図表からわかるように，貢献利益は，まず固定費を回収し，

それを回収し終えた後は，営業利益を創出するという役割を有します。損益分岐点の「売上高＝変動費＋固定費」の関係を変形した式が，「売上高－変動費＝固定費」となることからわかるように，営業量が損益分岐点に達した際に，貢献利益は固定費をすべて回収しうるということとなります。

図表11－6 貢献利益概念を示したCVP図表

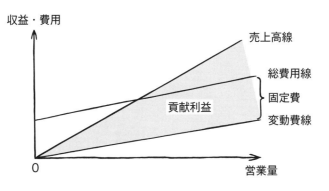

❷ 貢献利益概念を用いたCVP分析の基本公式

❸で確認したCVPの基本公式は，貢献利益概念を用いて表すことができます。以下の3つの関係が成り立つがゆえ，**❸**で求めた各基本公式は，次頁のように表すことができます。

販売単価－単位当たり変動費＝単位当たり貢献利益

$$1-\frac{変動費}{売上高}=\frac{貢献利益}{売上高}$$

1－変動費率＝貢献利益率

$$損益分岐点の販売量 = \frac{固定費}{単位当たり貢献利益}$$

$$目標営業利益を達成する販売量 = \frac{固定費 + 目標営業利益}{単位当たり貢献利益}$$

$$損益分岐点の売上高 = \frac{固定費}{貢献利益率}$$

$$目標営業利益を達成する売上高 = \frac{固定費 + 目標営業利益}{貢献利益率}$$

$$目標売上高営業利益率を達成する売上高 = \frac{固定費}{貢献利益率 - \begin{array}{c}目標売上高\\営業利益率\end{array}}$$

5 安全余裕率と損益分岐点比率 ·····························

　現時点では営業利益をあげて営業活動を行っている企業であっても，不況になり売上高が落ち込むことにより，赤字経営に陥ってしまう危険性を有しています。CVP図表からもわかるように，企業に固定費が存在する場合，営業量がゼロに達する前に損益分岐点に達してしまうこととなります。それゆえ，企業の経営管理者にとっては，営業量がどれだけ落ち込むと利益はゼロになるのかを知ることが重要となってきます。そのための指標として，**安全余裕率**（**安全率**ともいいます）と**損益分岐点比率**が存在します。

　安全余裕率は以下の計算式で示されます。

$$安全余裕率 = \left\{ \frac{現在の売上高 - 損益分岐点の売上高}{現在の売上高} \right\} \times 100 \ (\%)$$
$$= \{ (S - S_{BE})/S \} \times 100 \ (\%)$$

また，販売数量を用いた形で示すこともできます。

$$安全余裕率 = \left\{ \frac{現在の販売量 - 損益分岐点の販売量}{現在の販売量} \right\} \times 100 \ (\%)$$
$$= \{ (X - X_{BE})/X \} \times 100 \ (\%)$$

損益分岐点比率は，次のように示されます。

$$損益分岐点比率＝\frac{損益分岐点の売上高}{現在の売上高}×100（％）$$

$$＝(S_{BE}/S)×100（％）$$

安全余裕率は，現在の売上高からどれだけ売上が減少したら損益分岐点に達するかを示した指標であり，損益分岐点比率は，現在の売上高の何％の売上になると損益分岐点に達するのかを示した指標です。なお，安全余裕率の1つ目の式を展開するとわかるように，安全余裕率と損益分岐点比率には以下の関係が存在します。

安全余裕率（％）＝100％－損益分岐点比率（％）

例題11－2

例題11－1の資料にもとづき，(1)安全余裕率と(2)損益分岐点比率を求めなさい。なお，現在の販売量は15,000個であるとする。

😊 **解答へのアプローチ**

例題11－1より，損益分岐点の販売量は10,500個となります。

安全余裕率＝{現在の販売量－損益分岐点の営業量/現在の販売量}×100％

損益分岐点比率＝{損益分岐点の販売量/現在の販売量}×100％

[解 答]‥‥‥‥‥‥‥‥‥‥‥‥‥‥‥‥‥‥‥‥‥‥‥‥‥‥‥‥‥‥‥‥‥‥‥‥‥

(1) 安全余裕率 $＝\frac{15,000個－10,500個}{15,000個}×100％＝30％$

(2) 損益分岐点比率 $＝\frac{10,500個}{15,000個}×100％＝70％$

6 経営レバレッジ係数 ·····························

　企業に固定費が存在する場合，営業量と営業利益の変化の度合いは一致しません。営業量の変化よりも大きな割合で利益は変化します。このように営業量が少し変化すると利益が大きく変化する現象を**経営レバレッジ**とよびます。その大きさは，**経営レバレッジ係数**とよばれ，次のように計算されます。ただし，x は販売量，p は販売単価，v は単位当たり変動費，F は固定費を表します。

$$\text{経営レバレッジ係数} = \frac{\text{営業利益の変化率}}{\text{営業量の変化率}}$$

$$= \left(\frac{\Delta x(p-v)}{x(p-v)-F} \Big/ \frac{\Delta x}{x} \right)$$

$$= \left(\frac{x(p-v)}{x(p-v)-F} \right)$$

$$= \frac{\text{貢献利益}}{\text{営業利益}}$$

　分子の貢献利益は分母の営業利益に固定費を足したものであることから，固定費が多い企業ほど経営レバレッジ係数が高くなることがわかります。なお，経営レバレッジ係数は営業量の水準によって変化することに注意してください。

例題11－3

　例題11－1の資料にもとづき，販売量が(1)15,500個，(2)14,500個それぞれの場合のもとでの経営レバレッジ係数を求めなさい。

☺ 解答へのアプローチ）

　貢献利益は，単位当たり貢献利益に営業量を乗じることにより，営業利益は貢献利益から固定費を引くことにより算出されます。

　(2)も同様に算出すると，同じ企業（原価構造）のもとでも，営業量により経営レバレッジ係数が異なることがわかります。

(1) $\dfrac{500\text{円} \times 15{,}500\text{個}}{500\text{円} \times 15{,}500\text{個} - 5{,}250{,}000\text{円}} = 3.1$

(2) $\dfrac{500\text{円} \times 14{,}500\text{個}}{500\text{円} \times 14{,}500\text{個} - 5{,}250{,}000\text{円}} = 3.625$

基本問題 11−1

当社の次のデータにもとづいて，(1)から(4)を計算しなさい。

販売単価	500円
製品1個当たり変動売上原価	
原料費	100円
加工費	80円
製品1個当たり変動販売費	20円
固定費（年間）	
製造原価	1,440,000円
販売費及び一般管理費	1,560,000円

(1) 損益分岐点の販売量

(2) 損益分岐点の売上高

(3) 目標営業利益270万円をあげる売上高

(4) 売上高の10％の営業利益をあげる売上高

➡ 解答は255ページ

11

原価・営業量・利益関係の分析

　当期の損益計算書は，次のとおりであった。販売単価，単位当たり変動製造原価，単位当たり変動販売費，および固定費のすべてが，次期も当期実績どおりであると仮定して，以下の問に答えなさい。

損 益 計 算 書

（単位：円）

売上高	1,600,000
変動売上原価	880,000
変動製造マージン	720,000
変動販売費	160,000
貢献利益	560,000
固定費	420,000
営業利益	140,000

問1　貢献利益率は何％であるか。

問2　損益分岐点における売上高はいくらであるか。

問3　次期に21万円の営業利益を獲得するためには，売上高をいくらにする必要があるか。

⇨ **解答は256ページ**

応用問題 11-1

次の（　）内に適当な数字を入れなさい。

(1) I社は，製品Z（販売単価5,000円）を製造・販売している。製品Zの単位当たり変動費は3,500円，固定費は月に900,000円である。したがって，I社の損益分岐点における月間販売量は（　①　）個，同じく売上高は（　②　）円である。月に300,000円の営業利益を上げるためには，製品Zを月に（　③　）個販売しなければならない。

(2) Q社は，製品Mを製造・販売している。Q社の変動費率は65％，固定費は月に1,400,000円である。したがって，Q社の損益分岐点における月間の売上高は（　④　）円である。製品Mの販売単価が8,000円であれば，その時の販売数量は（　⑤　）個である。また，製品Mの月間販売数量が700個であるなら，月間の営業利益は（　⑥　）円となる。

➡ **解答は256ページ**

応用問題 11-2

当社の今期の業績は次の損益計算書に示すとおりであった。なお，製品の販売単価は120円である。

損 益 計 算 書

売上高	85,000円
変動費	34,000
固定費	30,600
営業利益	20,400円

以下の値を計算しなさい。

(1) 損益分岐点における売上高および販売量

(2) 今期売上高の安全余裕率

(3) 目標営業利益額25,920円を達成するための売上高および販売量

(4) 目標売上高営業利益率30％を達成する売上高および販売量

➡ **解答は257ページ**

第 **12** 章
原価予測の方法

学習のポイント

　利益管理や原価管理のために，原価発生額を予測する方法について学びます。種々ある方法の中から，2級では，費目別精査法と高低点法について学びます。

➡原価態様（コスト・ビヘイビア）による分類

　第11章で学んだ変動費，固定費に加え，準変動費・準固定費について学びます。

➡費目別精査法

　元帳を精査して，費目ごとに変動費と固定費を選び出し，それらについて原価関数を予測する方法をいいます。

➡高低点法

　準変動費と分類された費目について複数の原価データを集め，それらの中から最高営業量のときのデータと最低営業量のときのデータを選び，その2つの値を結んだ直線から原価関数を予測する方法をいいます。

1 原価態様（コスト・ビヘイビア）による分類………

　利益管理や原価管理を適切に行うためには，原価発生額を予測することが必要となります。原価発生額に影響を及ぼす要因は，営業量，投入資源（材料など）の価格などさまざまですが，原価発生額を予測するためには，通常，営業量ないし操業度が唯一の**原価作用因（コスト・ドライバー）**として選択されます。

　営業量が増減するとき，その増減に対して，いかに原価発生額が変化する

かにもとづいて行う原価の分類を**原価態様（コスト・ビヘイビア）**による原価分類とよびます。

原価態様にもとづき、原価は、一般に、次の4つに分類されます。

⑴　**変動費**…営業量の増減に応じて、総額において比例的に増減する原価をいいます。変動費の例として、直接材料費、直接工賃金があげられます。

⑵　**固定費**…営業量が増減しても、総額において一定期間変化せずに発生する原価をいいます。ある一定期間を越えれば（たとえば次年度）、火災保険料の料率や固定資産税の税率などの変更により、発生額が変化することもあります。固定費の例として、減価償却費、固定資産税、火災保険料、賃借料があげられます。

⑶　**準変動費**…固定費部分と変動費部分の両方からなる原価をいいます（図表12－1）。準変動費の例として、電力料、水道料、ガス代、電話料、機械修繕費があげられます。

⑷　**準固定費**…ある一定の操業区間では固定費であり、その区間を越えると急激に増加し、再び一定の操業区間中は固定費の状態を保つ原価をいいます（図表12－1）。準固定費の例として、職長の給料、検査工の給料があげられます。営業量がある一定の範囲を越えて増加すると、検査工を1人から2人に増やすといった場合、このような原価態様をとることとなります。

図表12－1　**準変動費と準固定費**

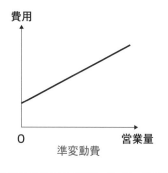

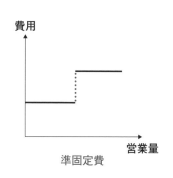

★原価発生額に影響を及ぼす要因と正常操業圏

　原価発生額は，営業量以外に，投入資源（材料など）の価格の変化も影響します。また，営業量の変化のスピードや変化の方向も原価発生額の変化に影響を与えます。変化のスピードが速いほど，原価発生額は直線的に変化しないでしょうし，営業量が増えるときには組織を大きくし原価発生額を増やしても，その後営業量が減ったときに従業員の解雇などが難しく，原価発生額はなかなか減少しません。

　このように，原価発生額は営業量以外にも影響を受けることから，営業量に対し直線的に変化しない場合があるものの，実務上は，原価の推移を直線とみなすことが多いです。そのためには，正常操業圏というものを設定し，その範囲内で営業量と原価発生額の関係を考えることとなります。

　正常操業圏とは，原価発生額と営業量の間の，その特定の関係が妥当する営業量の範囲をいいます。

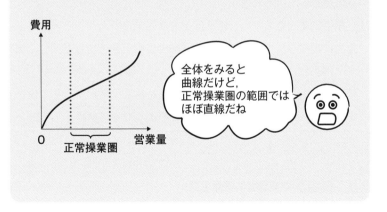

　原価を変動費，固定費，準変動費，および準固定費に分類する方法としては，以下に示す方法が存在します。2級では，費目別精査法と高低点法を学習します。

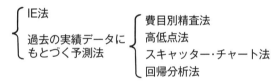

応用word

★ IE法

　IE法（industrial-engineering method）は，原材料，労働力，諸設備など
の投入量と産出量との技術的な関係にもとづき，発生すべき原価を計算する
方法をいいます。直接材料費や直接労務費のように，投入量と産出量の因果
関係が跡付けられやすい費目については，不能率を除去した原価の発生目標
として有用ですが，因果関係が間接的で把握しにくい費目については，あま
りその効果が得られません。そこで，標準原価計算において，製造直接費の
予定に IE法が使用され，製造間接費の予定には過去の実績データにもとづく
予測法が採用されるのが一般的でした。製造間接費の変動予算設定にも IE法
を使おうという試みも存在します。

2 費目別精査法 ……………………………………………

　費目別精査法は，勘定科目精査法，会計的方法ともいわれます。この方法
は，過去の経験にもとづき，元帳を精査して，費目ごとに変動費と固定費と
に分類し，それらについて原価発生額を予測する方法です。固定費と分類し
たものについては，その金額を期間総額の予測額とし，変動費と分類したも
のについては，その月の営業量で割って，営業量単位当たり変動費の予測額
とします。

　費目の中には，準変動費，準固定費に当たるものも存在しますので，すべ
てを変動費と固定費とに恣意的に分類するのではなく，この方法においてま
ず，純粋な変動費または固定費を選び出し，残された費目について他の方法
で原価関数を予測するという形で費目別精査法を用いるのが望ましいといえ
ます。たとえば，準固定費である検査工給与については，操業度に応じて検
査工がいかに追加投入されるかを調査して，その原価関数を決定できます。

　長崎製作所の６月の原価記録は，次の資料のとおりであった。費目別精査法を用いて，(1)各費目を原価態様の観点から分類し，(2)固定費と分類されたものについては固定費期間総額を，(3)変動費と分類されたものについては変動費率を算出しなさい。なお，６月の営業量は，2,000直接作業時間であった。(1)で準変動費または準固定費と分類されたものについては，(2)，(3)は空欄のままでよい。

	(1)　原価態様による分類	(2)　固定費(月額)	(3)　変動費率
直 接 工 賃 金			
機械減価償却費			
電　　力　　料			
職　長　給　料			
買 入 部 品 費			

[資　料]‥‥‥‥‥‥‥‥‥‥‥‥‥‥‥‥‥‥‥‥‥‥‥‥‥‥‥‥‥‥‥‥‥‥

費用項目	原価発生額
直 接 工 賃 金	3,000,000円
機械減価償却費	950,000
電　　力　　料	150,000
職　長　給　料	400,000
買 入 部 品 費	100,000
合　　　計	4,600,000円

😊解答へのアプローチ

　変動費に当たるものは直接工賃金，買入部品費，固定費に当たるものは機械減価償却費となります。電力料は準変動費，職長給料は準固定費となります。

[解　答]‥‥‥‥‥‥‥‥‥‥‥‥‥‥‥‥‥‥‥‥‥‥‥‥‥‥‥‥‥‥‥‥‥‥

	(1)　原価態様による分類	(2)　固定費(月額)	(3)　変動費率
直 接 工 賃 金	変動費	――	1,500円/時間
機械減価償却費	固定費	950,000円	――
電　　力　　料	準変動費		
職　長　給　料	準固定費		
買 入 部 品 費	変動費		50円/時間

直接工賃金の変動費率　3,000,000円÷2,000時間＝1,500円/時間

買入部品費の変動費率　100,000円÷2,000時間＝50円/時間

3 高低点法 ·······································

高低点法とは，過去の実績データのうち，その費目の最高の営業量のときの実績データと最低の営業量のときの実績データを代表値として選び，その2つの値を結び直線を引くことによって，変動費と固定費とに分解する方法をいいます。ただし，原価データの中に，異常値（正常操業圏の範囲外の営業量のデータ）が含まれている場合は，それは代表値として選ばないこととなります。

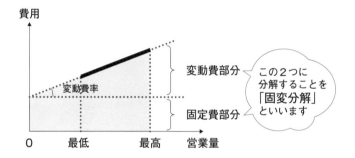

具体的な計算式は，以下のようになります。

$$\text{変動費率} = \frac{\text{最高点原価発生額} - \text{最低点原価発生額}}{\text{最高点営業量} - \text{最低点営業量}}$$

固定費＝最高点（最低点）原価発生額

　　　　－変動費率×最高点（最低点）営業量

高低点法は，極めて簡単で便利な方法ですが，最高点と最低点の2点のデータのみを利用し，その他の実績データを無視するため，信頼性に乏しいという欠点があります。利用可能なすべてのデータにもとづいて原価関数の予測を行う方法として，スキャッター・チャート法，回帰分析法があり，これらは1級の範囲となります。

例題12-1において準変動費として分類された電力料について，次の資料のように過去半年間の実際発生額のデータを入手した。高低点法を用いて，(1)直接作業時間当たり変動費と(2)固定費（月額）とを計算しなさい。なお，長崎製作所の正常操業圏は，月間の直接作業時間2,200時間を基準操業度（100％）として，60％から120％である。

[資 料]

月	電力料発生額	直接作業時間
1	133,000円	1,300時間
2	139,500	1,600
3	157,100	2,300
4	159,500	2,400
5	162,000	2,500
6	150,000	2,000
合計	901,100円	12,100時間

😊解答へのアプローチ

本問では，費目別精査法において準変動費として分類された費目について，高低点法を用いて原価関数を予測しています。

正常操業圏は，1,320直接作業時間（2,200時間×60％）から2,640直接作業時間（2,200時間×120％）の範囲となります。正常操業圏内の最小営業量は2月の1,600直接作業時間，最大営業量は5月の2,500直接作業時間です。

[解 答]

(1) 25円/直接作業時間

(2) 99,500円

変動費率＝（162,000円－139,500円）÷（2,500直接作業時間－1,600直接作業時間）
　　　　＝25円/直接作業時間

固定費＝162,000円－25円/直接作業時間×2,500直接作業時間＝99,500円

例題12-3

例題12-2の長崎製作所における来月（7月）の電力料の発生額を予測しなさい。7月の予想直接作業時間は2,200時間である。

😊 解答へのアプローチ

例題12-2で導出した原価関数に7月の営業量を導入します。

[解　答]………………………………………………………………

25円/直接作業時間×2,200直接作業時間＋99,500円＝154,500円

基本問題 12-1

次の費目は，それぞれ，変動費，固定費，準変動費，あるいは準固定費のいずれであるかを答えなさい。

① 直接材料費　　② 販売員手数料　③ 電話料

④ 建物減価償却費　⑤ 職長給料　　　⑥ 外注加工賃

⑦ 建物火災保険料　⑧ 水道料

➡ 解答は257ページ

当社では，毎期原価の固変分解によって翌期の原価予測を行っている。次の資料にもとづいて，下記の問いに答えなさい。

[資　料]‥‥‥

	製造間接費実際発生額	製品完成台数
4月	3,400,500円	240台
5月	6,420,000円	550台
6月	4,389,900円	340台
7月	4,080,000円	290台
8月	5,500,400円	420台
9月	7,700,400円	640台
10月	6,580,000円	540台

なお，操業度はその月の製品完成台数であり，正常操業圏は280台から580台である。

(1) 高低点法により固変分解を行い，変動費率と月間固定費を計算しなさい。

(2) 原価の固変分解に関する下記の文章の（　）に当てはまる最も適切な用語を記入しなさい。

・高低点法以外の原価分解の方法には（　①　）というものがあります。（　①　）とは，会計担当者や現場責任者の（　②　）によって，費目ごとの実績値を（　③　）し，固定費か変動費のいずれかに分類する方法です。

⇒ 解答は257ページ

次の資料にもとづいて，下記の(A)～(C)に答えなさい。

[資 料]……………………………………………………………………………………

1．過去6カ月間の製品Aの生産・販売量と原価発生額は次のとおりである。
なお，月初および月末に仕掛品や製品は存在しない。正常操業圏は月間生産
量が2,800個から4,200個である。

	生産量	原価発生額
4月	2,900個	1,690,000円
5月	3,100個	1,755,000円
6月	4,100個	2,050,000円
7月	3,800個	1,956,000円
8月	2,600個	1,430,000円
9月	3,400個	1,850,000円

2．製品Aの販売単価は700円である。

(A) 正常操業圏における最高生産量と最低生産量を答えなさい。

　　最高生産量（　　　　　　）個

　　最低生産量（　　　　　　）個

(B) 高低点法による原価分解を行い，製品1個当たりの変動費と月間の固定
費を計算しなさい。

　　製品1個当たりの変動費（@　　　　　）円

　　月間の固定費（　　　　　　）円

(C) 損益分岐点の売上高を計算しなさい。

　　損益分岐点の売上高（　　　　　　）円

➡ 解答は258ページ

第13章 直接原価計算

学習のポイント

直接原価計算の意義と目的，損益計算・記帳方法，経営管理目的に直接原価計算を用いた場合に公表財務諸表作成に際して必要となる固定費調整について学びます。

➡直接原価計算とは

原価（製造原価，販売費及び一般管理費）を変動費と固定費とに分解し，売上高からまず変動費を差し引いて貢献利益を計算し，貢献利益から固定費を差し引いて営業利益を計算する損益計算の方法をいいます。

➡直接原価計算の目的

期間損益計算の改善，CVP分析に必要な情報を正式な会計記録から得られるようにすること，セグメント別の損益計算，価格計算などの意思決定への利用があげられます。ここでは，期間損益計算の改善，CVP分析への役立ちについて学びます。

➡直接原価計算の方法と記帳

勘定への記入方法と損益計算書の形式について学びます。

1 直接原価計算の意義と目的 ……………………………

❶ 意　義

通常，制度として行われる原価計算は，実際原価計算であれ標準原価計算であれ，製品別計算において，すべての製造原価が製品に集計されます。このような製品別計算を**全部原価計算**といいます。それに対し，**直接原価計算**は，変動費ないし変動製造原価で製品原価を計算します。

190

そのような製品別計算の違いにより，損益計算の方法が異なってきます。全部原価計算と直接原価計算による損益計算書は，以下のようになり，前者は，職能別（仕事の種類別：売上製品の製造にかかった売上原価，販売活動にかかった販売費，一般管理活動にかかった一般管理費）に費用が分類された形での損益計算書となっており，後者は，コスト・ビヘイビア別（変動費，固定費）に費用が分類された形での損益計算書となっています。

全部原価計算による損益計算書	
売上高	×××
売上原価	×××
売上総利益	×××
販売費・一般管理費	×××
営業利益	×××

直接原価計算による損益計算書	
売上高	×××
変動費	×××
貢献利益	×××
固定費	×××
営業利益	×××

それゆえ，直接原価計算とは，原価（製造原価，販売費及び一般管理費）を変動費と固定費とに分解し，売上高からまず変動費を差し引いて貢献利益を計算し，貢献利益から固定費を差し引いて営業利益を計算する損益計算の方法をいいます。この方法をとることにより，正規の損益計算書上に，短期利益計画に役立つ原価・営業量・利益の関係が明示されることとなります。

❷ 目　的

　直接原価計算を行う目的としては，期間損益（営業損益）計算の歪みを改善し，経営者に理解しやすい計算を行うこと，CVP分析に必要な情報を正式な会計記録から得られるようにすること，事業別，製品別といったセグメント別の損益計算，収益性分析を可能にすること（1級で詳しく扱います），価格決定その他の意思決定に役立つこと（1級で詳しく扱います）があげられます。

2 直接原価計算の方法と記帳 ······························

　直接原価計算のもとでの勘定連絡図と損益計算書をここで確認していきましょう。

❶ 直接原価計算における勘定連絡図

　直接原価計算の勘定連絡図は，以下のようになります。原価はすべて変動費と固定費とに分解されます。製造間接費（たとえば電力料）についても，あらかじめ定められた固定費と変動費率によって分解され，変動費部分は変動製造間接費勘定に，固定費部分は固定製造間接費勘定に集計されます。仕掛品勘定には，通常，変動製造原価のみが集計され，完成品分の変動製造原価が製品勘定に振り替えられます。売上分の変動製造原価は，製品勘定から変動売上原価勘定を経由して損益勘定へ振り替えられます。固定費や変動販売費，固定販売費・一般管理費は直接，損益勘定へ振り替えられます。

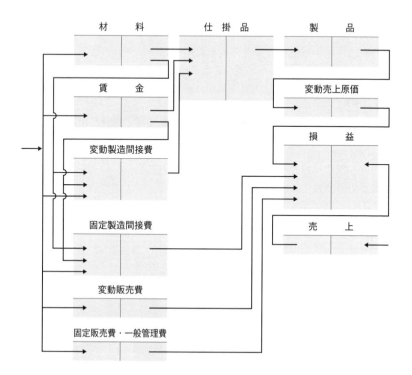

❷ 直接原価計算における損益計算書

直接原価計算による損益計算書の基本形は**❶**で示しましたが，実際には，直接原価計算であっても，製品原価は製造原価に限定することが一般的です。すなわち，すべての製造直接費と変動製造間接費を合計したものを製品原価に含めることとなります。これを**変動売上原価**とよびます。その場合，損益計算書は以下のいずれかとなります。

直接原価計算による損益計算書(I)	
売上高	×××
変動売上原価	×××
変動製造マージン	×××
変動販売費	×××
貢献利益	×××
固定費	×××
営業利益	×××

直接原価計算による損益計算書(Ⅱ)		
売上高		×××
変動費		
変動売上原価	×××	
変動販売費	×××	
貢献利益		×××
固定費		×××
営業利益		×××

(Ⅱ)では，売上高から変動売上原価と変動販売費（と変動一般管理費）を差し引くことにより，**貢献利益**を算出していますが，(I)では，売上高から変動売上原価を差し引いた段階で，**変動製造マージン**を算出しています。

3 期間損益計算の改善 ·······························

ここでは，**❶❷**で直接原価計算の目的の1つとしてあげた期間損益計算の改善について詳しく見ていきます。

全部原価計算による損益計算を用いる場合，売上高が変化しないにもかかわらず営業利益が増減したり，売上高が増加（減少）しても営業利益が減少（増加）したりすることがあります。その現象のうちの1つについて，例題13-1を用いて確認していきましょう。

続いて，例題13-2で，直接原価計算による損益計算を採用する場合，売上高が増加する（減少する，変化しない）時，営業利益も増加する（減少する，変化しない）ことを確認しましょう。

当社は，製品Ｎを製造・販売している。以下の資料にもとづき，第Ⅰ期，第Ⅱ期の全部原価計算による損益計算書を作成しなさい。

[資　料]…………………………………………………………………………

① 販売単価　　　　　　　　　　　　　　　　　3,000円

② 製造原価：製品単位当たり変動製造原価　　　　800円

　　　　　　固定製造間接費（期間総額）　　840,000円

③ 販売費：製品単位当たり変動販売費　　　　　　100円

　　　　　固定販売費（期間総額）　　　　　120,000円

④ 一般管理費：すべて固定費（期間総額）　　240,000円

⑤ 生産・販売数量等：

	第Ⅰ期	第Ⅱ期
期首在庫量	0個	0個
当期生産量	1,000個	1,200個
当期販売量	1,000個	1,000個
期末在庫量	0個	200個

（注）　各期首・期末に仕掛品は存在しない。

損 益 計 算 書　　　　　　（単位：円）

	第Ⅰ期	第Ⅱ期
売上高	（　　　　　）	（　　　　　）
売上原価	（　　　　　）	（　　　　　）
売上総利益	（　　　　　）	（　　　　　）
販売費・一般管理費	（　　　　　）	（　　　　　）
営業利益	（　　　　　）	（　　　　　）

😊解答へのアプローチ

各金額は以下のように算出します。

売上高＝販売単価×当期販売量

売上原価

　＝（製品単位当たり変動製造原価＋固定製造間接費÷当期生産量）×当期販売量

販売費・一般管理費

＝製品単位当たり変動販売費×当期販売量＋固定販売費＋一般管理費

[解　答]..

損 益 計 算 書 　（単位：円）

	第Ⅰ期	第Ⅱ期
売上高	(3,000,000)	(3,000,000)
売上原価	(1,640,000)	(1,500,000)
売上総利益	(1,360,000)	(1,500,000)
販売費・一般管理費	(460,000)	(460,000)
営業利益	(900,000)	(1,040,000)

第Ⅰ期

売上高＝3,000円×1,000個＝3,000,000円

売上原価＝（800円＋840,000円÷1,000個）×1,000個＝1,640,000円

販売費・一般管理費＝100円×1,000個＋120,000円＋240,000円＝460,000円

第Ⅱ期

売上高＝3,000円×1,000個＝3,000,000円

売上原価＝（800円＋840,000円÷1,200個）×1,000個＝1,500,000円

販売費・一般管理費＝100円×1,000個＋120,000円＋240,000円＝460,000円

　上記例題の結果を見ると，第Ⅱ期は，第Ⅰ期と比較して，販売量が変化しないにもかかわらず，営業利益が増加していることがわかります。その原因について，確認していきましょう。

　製品の製造原価には変動費（直接材料費，直接労務費，変動製造間接費）と固定費（固定製造間接費）とが存在し，全部原価計算のもとでは，両者とも仕掛品原価を構成することとなります。仕掛品原価のうち完成分は製品原価となり，そのうちの売上分は売上原価となります。しかし，期末において，仕掛品や製品の在庫が存在する場合，そこには固定費が含まれ，その分売上原価に含まれる固定費は減少し，結果として営業利益が増加するということとなります。期首に在庫がある場合は，それとの大小関係で，期末在庫＞期首在庫であれば営業利益は増加し，期末在庫＜期首在庫であれば営業利益は減少します。

一方，直接原価計算のもとでは，固定費は製造原価に含めず，全額期間原価として処理されます。それゆえ，在庫量は営業利益に影響を及ぼさず，売上高の変化と営業利益の変化の方向は一致することとなります。

① **全部原価計算による損益計算**

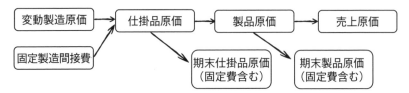

② **直接原価計算による損益計算**

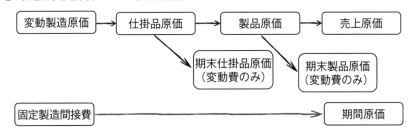

例題13−2

　例題13−1の資料にもとづき，第Ⅰ期，第Ⅱ期の直接原価計算による損益計算書を作成しなさい。

損 益 計 算 書　　　　　（単位：円）

	第Ⅰ期	第Ⅱ期
売上高	(　　　　)	(　　　　)
変動売上原価	(　　　　)	(　　　　)
変動製造マージン	(　　　　)	(　　　　)
変動販売費	(　　　　)	(　　　　)
貢献利益	(　　　　)	(　　　　)
固定費：		
製造固定費	(　　　　)	(　　　　)
固定販売費・一般管理費	(　　　　)	(　　　　)
営業利益	(　　　　)	(　　　　)

😊解答へのアプローチ

　直接原価計算の場合，売上原価は変動費のみで計算します。その結果，売上高が同額であれば，生産量が異なっても営業量は同額となることがわかります。

　売上高＝販売単価×当期販売量

　変動売上原価＝製品単位当たり変動製造原価×当期販売量

　変動製造マージン＝売上高－変動売上原価

　変動販売費＝製品単位当たり変動販売費×当期販売量

　貢献利益＝変動製造マージン－変動販売費

　営業利益＝貢献利益－固定費

[解　答]‥‥‥‥‥‥‥‥‥‥‥‥‥‥‥‥‥‥‥‥‥‥‥‥‥‥‥‥‥‥‥‥‥‥‥‥

13

直接原価計算

	損　益　計　算　書	（単位：円）
	第Ⅰ期	第Ⅱ期
売上高	（　3,000,000）	（　3,000,000）
変動売上原価	（　800,000）	（　800,000）
変動製造マージン	（　2,200,000）	（　2,200,000）
変動販売費	（　100,000）	（　100,000）
貢献利益	（　2,100,000）	（　2,100,000）
固定費：		
製造固定費	（　840,000）	（　840,000）
固定販売費・一般管理費	（　360,000）	（　360,000）
営業利益	（　900,000）	（　900,000）

売上高＝3,000円×1,000個＝3,000,000円

変動売上原価＝800円×1,000個＝800,000円

変動製造マージン＝3,000,000円－800,000円＝2,200,000円

変動販売費＝100円×1,000個＝100,000円

貢献利益＝2,200,000円－100,000円＝2,100,000円

営業利益＝2,100,000円－（840,000円＋360,000円）＝900,000円

4 実際配賦と予定配賦 ……………………………………

　直接原価計算のもとでも，全部原価計算と同様，製造間接費は実際配賦を用いる場合と予定配賦を用いる場合があります。例題13－2は実際配賦を用いたケースでした。ここでは，予定配賦を用いる場合について確認します。なお，次節の固定費調整に関わることですが，例題13－3では，期首在庫と期末在庫の数量が同じことから，両損益計算書に差額が生じないこともあわせて確認しておきましょう。

例題13－3

　当社は，製品Ｘを製造・販売している。以下の資料にもとづき，下記の直接原価計算による損益計算書と全部原価計算による損益計算書を完成しなさい。

[資　料]……………………………………………………………………

1．当社は実際総合原価計算を実施している。製造間接費は，製品生産量を配賦基準として，年間を通じて予定配賦している。予定配賦率は，変動費については750円/個，固定費については1,000円/個である。

2．製造間接費の当月配賦差額は，当月の売上原価に賦課する。

3．製品の倉出単価の計算は，先入先出法による。

4．製品Ｘの当月の生産・販売資料

月初製品在庫量	100個
当 月 生 産 量	950個
合　　　計	1,050個
月末製品在庫量	100個
当 月 販 売 量	950個

（注）　月初・月末に仕掛品はない。

5．製品Xの当月の財務資料

		直接材料費	直接労務費	製造間接費
(1)	月初製品	400,000円	300,000円	?
(2)	販売単価			12,000円

(3) 販売費及び一般管理費：

変動販売費	200,000円
固定販売費	500,000円
一般管理費（すべて固定費）	1,000,000円

(4)	直接材料当月仕入高	2,400,000円
(5)	直接材料月初有高	280,000円
(6)	直接材料月末有高	230,000円
(7)	直接工賃金当月支払高	1,600,000円
(8)	直接工賃金月初未払高	420,000円
(9)	直接工賃金月末未払高	360,000円
(10)	製造間接費当月発生額	

変動製造間接費	712,600円
固定製造間接費	949,900円

損益計算書（全部原価計算）

売上高		（　　　　　）
売上原価		
月初製品有高	（　　　　　）	
当月製品製造原価	（　　　　　）	
合計	（　　　　　）	
月末製品有高	（　　　　　）	
差引	（　　　　　）	
原価差異	（　　　　　）	（　　　　　）
売上総利益		（　　　　　）
販売費及び一般管理費		（　　　　　）
営業利益		（　　　　　）

損益計算書（直接原価計算）

売上高		(	)
変動売上原価			
月初製品有高	(	)	
当月製品変動製造原価	(	)	
合計	(	)	
月末製品有高	(	)	
差引	(	)	
原価差異	(	)	(	)
変動製造マージン		(	)
変動販売費		(	)
貢献利益		(	)
固定費			
製造固定費	(	)	
固定販売費・一般管理費	(	)	(	)
営業利益		(	)

☺解答へのアプローチ

　月初製品有高は，全部原価計算の場合は製造間接費に固定費も含むので，400,000円＋300,000円＋1,750円/個×100個＝875,000円となり，直接原価計算の場合は製造間接費に変動費のみ含むので，400,000円＋300,000円＋750円/個×100個＝775,000円となります。当月製品製造原価は，直接材料費，直接労務費の当月消費額と製造間接費予定配賦額の合計で計算されます。直接原価計算の場合は，製造間接費予定配賦額は変動費部分のみとなります。月末製品有高は先入先出法なので，当月製品製造原価ないし当月製品変動製造原価を当月生産量で除して，月末在庫量を乗じて算出します。原価差異は，製造間接費の予定配賦額と実際配賦額の差額であり，直接原価計算の場合は，変動製造間接費に関わるものとなります。

損益計算書（全部原価計算）

売上高		（　11,400,000）
売上原価		
月初製品有高	（　　　875,000）	
当月製品製造原価	（　5,652,500）	
合計	（　6,527,500）	
月末製品有高	（　　595,000）	
差引	（　5,932,500）	
原価差異（借方）	（　　　　　0）	（　5,932,500）
売上総利益		（　5,467,500）
販売費及び一般管理費		（　1,700,000）
営業利益		（　3,767,500）

損益計算書（直接原価計算）

売上高		（　11,400,000）
変動売上原価		
月初製品有高	（　　　775,000）	
当月製品変動製造原価	（　4,702,500）	
合計	（　5,477,500）	
月末製品有高	（　　495,000）	
差引	（　4,982,500）	
原価差異（借方）	（　　　　100）	（　4,982,600）
変動製造マージン		（　6,417,400）
変動販売費		（　　200,000）
貢献利益		（　6,217,400）
固定費		
製造固定費	（　　949,900）	
固定販売費・一般管理費	（　1,500,000）	（　2,449,900）
営業利益		（　3,767,500）

全部原価計算のもとでの当月製品製造原価

　直接材料費＝2,400,000円＋280,000円－230,000円＝2,450,000円

　直接労務費＝1,600,000円－420,000円＋360,000円＝1,540,000円

　製造間接費＝1,750円/個×950個＝1,662,500円

　よって，当月製品製造原価は，

　2,450,000円＋1,540,000円＋1,662,500円＝5,652,500円

全部原価計算のもとでの月末製品有高

　5,652,500円÷950個×100個＝595,000円

直接原価計算のもとでの当月製品変動製造原価

変動製造間接費＝750円/個×950個＝712,500円

よって，当月製品変動製造原価は，

2,450,000円＋1,540,000円＋712,500円＝4,702,500円

直接原価計算のもとでの月末製品有高

4,702,500円÷950個×100個＝495,000円

全部原価計算のもとでの原価差異

＝実際配賦額(712,600円＋949,900円)－予定配賦額(1,750円/個×950個)＝0円

直接原価計算のもとでの原価差異＝712,600円－712,500円＝100円

5 固定費調整 ……………………………………………

『原価計算基準』は，総合原価計算において制度として直接原価計算を行うことを認めていますが，その場合，「会計年度末においては，当該会計期間に発生した固定費額は，これを期末の仕掛品および製品と当年度の売上品とに配賦」（原価計算基準30）することが求められています。

すなわち，経営管理目的のために直接原価計算を採用している場合には，公表財務諸表作成のために，会計年度末に直接原価計算による営業利益を全部原価計算による営業利益に修正する必要があります。これを**固定費調整**といいます。

直接原価計算による利益額と全部原価計算による利益額の差は，前者が固定費を製品原価に含めないのに対し，後者は含めることから生じます。それゆえ，固定費調整においては，期末棚卸資産に含まれる固定製造間接費と期首棚卸資産に含まれる固定製造間接費を計算し，前者については直接原価計算による営業利益に加算し，後者については減算します。

計算式で示すと以下のようになります。

> **全部原価計算による営業利益＝直接原価計算による営業利益**
> **＋期末棚卸資産に含まれる固定製造間接費**
> **－期首棚卸資産に含まれる固定製造間接費**

例題13－4

例題13－2の第Ⅱ期の直接原価計算による営業利益に固定費調整を行って，全部原価計算の営業利益に修正しなさい。

解答へのアプローチ

固定費調整は以下の式で算出されます。

直接原価計算による営業利益

　＋期末棚卸資産に含まれる固定製造間接費

　－期首棚卸資産に含まれる固定製造間接費

＝全部原価計算による営業利益

なお，期末棚卸資産に含まれる固定製造間接費は，固定製造間接費総額÷当期生産量×期末棚卸資産数量で算出されます。

[解　答]

直接原価計算による営業利益（　900,000　）円

　＋期末棚卸資産に含まれる固定製造間接費（　140,000　）円

　－期首棚卸資産に含まれる固定製造間接費（　　　0　）円

＝全部原価計算による営業利益（　1,040,000　）円

なお，期末棚卸資産に含まれる固定製造間接費

　＝840,000円÷1,200個×200個＝140,000円

6 CVP分析への役立ち

1の意義や目的で述べたように，経常的に原価を変動費と固定費とに分解されている直接原価計算の損益計算書の情報をもとに，CVP分析や安全余裕率，損益分岐点比率などの計算を行うことができます。

札幌工場の当期の生産および販売記録は以下の資料のとおりであった。当工場では，直接原価計算方式の損益計算書を作成している。以下の問いに答えなさい。

(1) 損益計算書を完成しなさい。

(2) 損益分岐点売上高を計算しなさい。

(3) 安全余裕率を計算しなさい。

(4) 次期に販売量が1.2倍に増加した場合の営業利益を計算しなさい。

[資　料]...

生産量	5,000個
販売量	5,000個
販売単価	5,000円
直接材料費	3,500,000円
直接労務費	2,500,000円
製造間接費	6,940,000円（うち固定費5,240,000円）
変動販売費	1,500,000円
固定販売費及び一般管理費	4,240,000円

(1)

損　益　計　算　書　　　（単位：円）

売上高	（　　　）
変動売上原価	（　　　）
変動製造マージン	（　　　）
変動販売費	（　　　）
貢献利益	（　　　）
製造固定費	（　　　）
固定販売費・一般管理費	（　　　）
営業利益	（　　　）

(2)	(3)	(4)
円	％	円

直接原価計算の損益計算書の数値をもとに，CVP分析を行うことができます。

[解　答]‥‥‥‥‥‥‥‥‥‥‥‥‥‥‥‥‥‥‥‥‥‥‥‥‥‥‥‥‥‥‥‥‥‥

(1)

損 益 計 算 書　　　（単位：円）

売上高	(25,000,000)
変動売上原価	(7,700,000)
変動製造マージン	(17,300,000)
変動販売費	(1,500,000)
貢献利益	(15,800,000)
製造固定費	(5,240,000)
固定販売費・一般管理費	(4,240,000)
営業利益	(6,320,000)

(2)	(3)	(4)
15,000,000　円	40　％	9,480,000　円

(2)　損益分岐点売上高 $= \dfrac{5{,}240{,}000円 + 4{,}240{,}000円}{15{,}800{,}000円 / 25{,}000{,}000円} = 15{,}000{,}000円$

(3)　安全余裕率 $= \dfrac{25{,}000{,}000円 - 15{,}000{,}000円}{25{,}000{,}000円} \times 100 = 40\%$

(4)　販売量が増加する分，貢献利益が増加するので，

15,800,000円 × 0.2 + 6,320,000円 = 9,480,000円

次の資料にもとづいて，①全部原価計算による損益計算書と②直接原価計算による損益計算書を，2期分作成しなさい。

[資　料]‥‥‥‥‥‥‥‥‥‥‥‥‥‥‥‥‥‥‥‥‥‥‥‥‥‥‥‥‥‥‥‥‥‥‥‥‥

(1)　販売単価　　@500円

(2)　製造原価：製品1個当たりの変動製造原価　　@90円

　　　　　　　　固定製造原価（期間総額）　　62,000円

(3)　販　売　費：製品1個当たりの変動販売費　　@65円

　　　　　　　　固定販売費（期間総額）　　22,500円

(4)　一般管理費（すべて固定費）　　17,000円

(5)　生産・販売データ

	第1期	第2期
期首製品在庫量	0個	0個
当 期 生 産 量	700個	800個
当 期 販 売 量	700個	750個
期 末 製 品	0個	50個

損益計算書（全部原価計算）　　（単位：円）

	第1期	第2期
売上高	(　　　　　)	(　　　　　)
売上原価	(　　　　　)	(　　　　　)
売上総利益	(　　　　　)	(　　　　　)
販売費・一般管理費	(　　　　　)	(　　　　　)
営業利益	(　　　　　)	(　　　　　)

損益計算書（直接原価計算）　　（単位：円）

	第1期	第2期
売上高	(　　　　　)	(　　　　　)
変動売上原価	(　　　　　)	(　　　　　)
変動製造マージン	(　　　　　)	(　　　　　)
変動販売費	(　　　　　)	(　　　　　)
貢献利益	(　　　　　)	(　　　　　)
固定費	(　　　　　)	(　　　　　)
営業利益	(　　　　　)	(　　　　　)

⇨ 解答は258ページ

　K製作所では，製品Tを製造・販売している。販売量と営業利益の関係をわかりやすくするため，従来作成してきた全部原価計算による損益計算書を直接原価計算による損益計算書に変更することとした。次の資料にもとづき，解答欄の直接原価計算による損益計算書を完成しなさい。

[資　料]……………………………………………………………………………

1．当期の固定加工費は330,000円であった。固定加工費は各期の実際生産量にもとづいて実際配賦をしている。

2．販売費及び一般管理費

　　変動販売費　50円/個

　　固定販売費及び一般管理費　？円

3．生産・販売データ

　　期首製品在庫量　　　　　　　　0個

　　当期製品生産量　　　　　　1,200個

　　当期製品販売量　　　　　　1,100個

　　期末製品在庫量　　　　　　　100個

　　（注）　期首・期末に仕掛品は存在しない。

4．全部原価計算による損益計算書

損益計算書（全部原価計算）（単位：円）

売上高	1,430,000
売上原価	687,500
売上総利益	742,500
販売費及び一般管理費	235,000
営業利益	507,500

損益計算書（直接原価計算）（単位：円）

売上高	（　　　　）
変動費	（　　　　）
貢献利益	（　　　　）
固定費	（　　　　）
営業利益	（　　　　）

➡ 解答は260ページ

O社は製品Tを製造・販売している。当期の全部原価計算による損益計算書は，次の資料のとおりであった。製品Tの販売単価は，当期中同一の単価が維持された。原価分析によれば，当期の製造原価に含まれる固定費は250,000円，販売費に含まれる固定費は140,000円，一般管理費120,000円はすべて固定費であった。固定費以外はすべて変動費であった。なお，期首と期末の仕掛品および製品の在庫は存在しないものとする。以下の問に答えなさい。

[資　料]………………………………………………………………………

損益計算書　（単位：円）

売上高	1,200,000
売上原価	650,000
売上総利益	550,000
販売費及び一般管理費	340,000
営業利益	210,000

問1　直接原価計算による営業利益を計算しなさい。

問2　貢献利益率を計算しなさい。

問3　販売単価，単位当たり変動費，固定費に関する条件に変化がないものとして，営業利益240,000円を達成するために必要であった売上高を計算しなさい。

問4　固定費を120,000円引き下げた場合，損益分岐点売上高はいくら引き下げることができたか計算しなさい。

問1　（　　　　　　）円

問2　（　　　　　　）％

問3　（　　　　　　）円

問4　（　　　　　　）円

➡ 解答は260ページ

当社は，製品 Y を製造・販売している。次の資料にもとづき，下記の直接原価計算による損益計算書と全部原価計算による損益計算書を完成しなさい。

損益計算書（直接原価計算）　　（単位：円）

売上高		16,000,000
変動売上原価		
期首製品棚卸高	（　　　　）	
当期製品製造原価	（　　　　）	
合　計	（　　　　）	
期末製品棚卸高	（　　　　）	
差　引	（　　　　）	
原価差異	（　　　　）	（　　　　）
変動製造マージン		（　　　　）
変動販売費		（　　　　）
貢献利益		（　　　　）
固定費		
固定製造間接費	（　　　　）	
固定販売費	（　　　　）	
一般管理費	（　　　　）	（　　　　）
営業利益		（　　　　）

損益計算書（全部原価計算）　　（単位：円）

売上高		（　　　　）
売上原価		
期首製品棚卸高	（　　　　）	
当期製品製造原価	（　　　　）	
合　計	（　　　　）	
期末製品棚卸高	（　　　　）	
差　引	（　　　　）	
原価差異	（　　　　）	（　　　　）
売上総利益		（　　　　）
販売費及び一般管理費		（　　　　）
営業利益		（　　　　）

1　製品 Y の生産・販売資料

		直接材料費	直接労務費	製造間接費
月初製品在庫量	400　個	124万円	52万円	？円
当月生産量	1,800			
合　計	2,200			
当月販売量	1,600			
月末製品在庫量	600			

　　（注）　月初・月末に仕掛品はない。

2　直接材料当月仕入高　　　　　　　　5,200,000円

3　直接材料月初棚卸高　　　　　　　　　900,000円

4　直接材料月末棚卸高　　　　　　　　　700,000円

5　直接工賃金当月支払額　　　　　　　2,600,000円

6　直接工賃金月初未払額　　　　　　　　630,000円

7　直接工賃金月末未払額　　　　　　　　550,000円

8　製造間接費当月実際発生額

　　　変動製造間接費　　　　　　　　　1,800,000円

　　　固定製造間接費　　　　　　　　　3,200,000円

9　販売費及び一般管理費

　　　変動販売費　　　　　　　　　　　　360,000円

　　　固定販売費　　　　　　　　　　　　800,000円

　　　一般管理費（すべて固定費）　　　1,400,000円

10　製造間接費は，製品生産量を配賦基準として予定配賦している。予定配賦
　　率は，変動費については1,000円/個，固定費については1,600円/個である。
　　毎月の配賦差額は，売上原価に賦課している。

11　製品の倉出単価は，先入先出法によって計算している。

➡ 解答は261ページ

第 14 章

製品の受払い

学習のポイント

　　見込生産・受注生産それぞれのもとでの製品の完成時と販売時の記帳方法について学びます。

➡製品の完成と記帳

　　見込生産の場合は，製品完成後，いったん製品倉庫へ保管しますが，受注生産の場合は，完成品をそのまま顧客に引き渡すことが一般的です。それぞれのもとでの製品完成時の記帳方法について学びます。

➡製品の販売と記帳

　　見込生産・受注生産それぞれのもとでの製品販売時の記帳について学びます。売上戻り・値引きの処理についても学びます。

1 製品の完成と記帳 ···

　　見込生産を行っている場合は，製品を完成し検査を終えると，完成報告書を添付して，製品倉庫で保管します。それに対して，受注生産の場合には，倉庫に入れることなく，ただちに注文主に引き渡すのが一般的です。

❶ 見込生産の場合

　　見込生産の場合，製品は，完成報告書とともに，製造現場から製品倉庫係に引き渡されます。製品倉庫係は，完成報告書と製品を照合し，製品を所定の場所に保管します。完成報告書は製品倉庫係から製品元帳係に渡され，製品元帳係は完成報告書にもとづいて，製品の入庫数量を製品元帳の当該製品カードに記入します。

製品の原価は完成報告書からではわかりません。製品の製造原価については、製造月報にもとづいて原価計算票が作成され、これにもとづいて製品元帳および総勘定元帳に記入します。仕訳と総勘定元帳への記入は以下のとおりです。

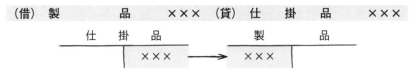

❷ 受注生産の場合

受注生産の場合、製品検査を受けた完成品は、完成報告書とともに、ただちに販売部門の出荷係に引き渡されるのが一般的です。原価計算係は、完成報告書にもとづき、その指図書番号の原価計算票を原価元帳から抜き取り、これを締め切り、売上品元帳にファイルします。総勘定元帳へは、完成品の各製造指図書の製造原価情報を集計した完成品原価月報をもとに月末に記入します。仕訳と総勘定元帳への記入は以下のとおりです。

(借) 売 上 原 価	×××	(貸) 仕 掛 品	×××
仕 掛 品		売 上 原 価	
	××× →	×××	

なお、製品の完成後、いったん製品倉庫に保管する場合には、見込生産の場合と同様、仕掛品勘定から製品勘定へ振り替えます。また、その製品の原価計算票は、製品元帳にファイルされます。

2 製品の販売と記帳 ·······························

❶ 見込生産の場合

製品販売時の流れとしては、注文を受けて出庫伝票が作成され、製品倉庫係はその出庫伝票にもとづいて製品の搬出をします。搬出された製品は、出荷指図書にもとづき出荷係により発送され、同時に、送り状も顧客に送付されます。

記帳の流れとしては，送り状の写し，または出荷の検印が押された売上伝票にもとづいて，売上帳への記入がなされ，月末に売上帳を締め切り，総勘定元帳および売掛金元帳への転記がなされます。他方，出庫伝票にもとづき製品元帳への記入が行われ，月末に製品受払月報が作成され，製品勘定から売上原価勘定へ振り替えます。仕訳と総勘定元帳への転記は以下のとおりです。

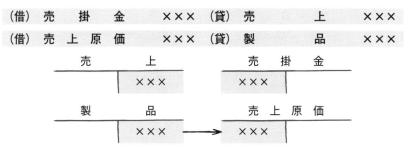

❷ 受注生産の場合

　受注生産の場合，製品はただちに販売部門の出荷係に引き渡されます。出荷係は販売係から回付されてきた出荷指図書にもとづき，製品および送り状をただちに顧客に発送します。販売係は，製品の出荷を確認し，売上伝票に出荷の検印を押します。

　記帳の流れとしては，送り状の写し，あるいは売上伝票をもとに売上帳への記入，それをもとに売掛金元帳，総勘定元帳への記入がなされます。仕訳と総勘定元帳への記入は以下のとおりです。

　なお，受注生産であっても，完成品をいったん製品倉庫に保管（すなわち製品元帳へ記入）したのち顧客に送付する場合は，見込生産の場合と同様の処理となります。

❸ 売上返品および値引きの記帳

販売した製品の返品・値引きがあった場合には，売上帳にその金額を赤字で記入するとともに，売掛金元帳の該当勘定口座の貸方に記入します。総勘定元帳への記入は，以下のようになります。

| （借） | 売 | 上 | ××× | （貸） | 売 | 掛 | 金 | ××× |
| （借） | 製 | 品 | ××× | （貸） | 売 | 上 | 原 | 価 | ××× |

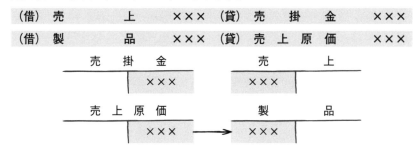

例題14－1

当社は見込生産を行っている。次の取引の仕訳を示しなさい。ただし，勘定科目は次の中から最も適当と思われるものを選ぶこと。

製 品　売 上　仕掛品　現 金　売掛金　売上原価

(1) 当月完成し，製品倉庫に入庫した完成品の製造原価合計は250,000円であった。

(2) 当月の製品売上高は，現金売上300,000円，掛売上125,000円である。販売した製品の製造原価合計は285,000円であった。

😊**解答へのアプローチ**

見込生産の場合，製品完成後いったん製品倉庫で保管するため，製品勘定を用います。

[解 答]……………………………………………………………………………

(1)	（借）	製	品	250,000	（貸）	仕	掛	品	250,000
(2)	（借）	現	金	300,000	（貸）	売	上	425,000
		売 掛 金		125,000				
	（借）	売 上 原 価		285,000	（貸）	製	品	285,000

次の取引の仕訳を示しなさい。なお，当社は受注生産企業で，完成品は完成後ただちに注文主に引き渡している。

(注)　仕訳に用いる勘定科目は次の中から選びなさい。

　　　材　料　　　仕掛品　　　売掛金　　　未収入金　　　売上原価　　　買掛金

　　　製造間接費　売　上　　　販売費

(1)　受注製品＃102が完成したので注文主に引き渡した。納入価格は300,000円で掛とした。

(2)　受注製品＃102用に払い出した直接材料Aのうち，未使用分5,000円が倉庫に返納された。なお，この製品の製造原価は180,000円（未使用分を含む）であった。

⇒ 解答は262ページ

第 **15** 章
営業費計算

学習のポイント

営業費の意義と記帳，さまざまな分類方法について学びます。

➡営業費の意義と記帳

営業費とは，一般的には，販売費及び一般管理費のことをいいます。

これらの期間発生額は，期間原価として損益勘定に振り替えられます。

➡営業費の分類

原価計算基準において，形態別分類，機能別分類，直接費と間接費，

固定費と変動費，管理可能費と管理不能費という分類が示されています。

また，機能別に分類された注文獲得費と注文履行費について学びます。

1 営業費の意義と記帳 ･･････････････････････････････

　営業費とは，一般的には，**販売費及び一般管理費**のことをいいます。記帳
手続としては，販売費及び一般管理費の期間発生額は，期間原価として，損
益勘定に振り替えられます。

★営業費計算の重要性

　原価計算の主目的が公表財務諸表の作成にあるときは，営業費計算はあまり注目されませんでした。なぜなら，営業費は期間損益計算上，期間原価として処理されるため，費目別の実際発生額を把握すればよかったからです。

　しかし，近年，顧客ニーズの多様化，その変化の速さによる製品のライフサイクルの短縮化が進むと，顧客ニーズを把握し，絶えず新製品を開発し，新市場を創造する必要性が高まったため，広告費，研究開発費，販売促進費などの費用が増加してきました。それゆえ，営業費とりわけ販売費を製品品種別，販売地域別，顧客別，販売ルート別などに計算・分析し，収益性改善を図る必要が出てきました。

2 営業費の分類 ……………………………………………

❶ 原価計算基準の分類

　営業費を分類する基準として，原価計算基準は以下の基準を示しています（原価計算基準37）。

① 形態別分類

　原価発生の形態による分類です。たとえば，給料，賃金，減価償却費など。

② 機能別分類

　機能別分類においては，その機能について発生したことが直接的に認識される要素を把握して集計します。たとえば，広告宣伝費には，広告宣伝係の給料，広告設備減価償却費，新聞雑誌広告料などが集計されます。

③ 直接費と間接費

　特定製品（あるいは販売地域，顧客など）との関係による分類です。特定製品等に直接的に要した費用を直接費，複数の製品等に共通して発生する費用を間接費と分類します。

④ 固定費と変動費

　原価態様の違いによる分類です。

⑤ 管理可能費と管理不能費

一定の管理者層によって管理しうるかどうかによる分類です。

❷ 注文獲得費と注文履行費

機能別分類をした販売費は，注文獲得費，注文履行費，および両者に共通的に発生する販売事務費とに大別されることがあります。

注文獲得費とは，注文獲得のために要する費用をいいます。たとえば，広告宣伝費，販売促進費などからなります。

注文履行費とは，注文を履行するために要する費用をいいます。たとえば，倉庫費，運送費，掛売集金費からなります。

応用 word

> **★注文獲得費と注文履行費の管理**
>
> 受注という成果は，注文獲得活動以外に製品の機能，価格などさまざまな要因の影響を受けて生み出されます。それゆえ，注文獲得費をいくら発生させれば受注につながるかは明確に把握できないため，その発生額は，経営者の方針で決めざるをえません。したがって，その管理方法は，注文獲得費予算を割り当て予算の形で設定し，その予算と実績との比較をする方法を取らざるをえません。
>
> それに対し，注文履行費は，製品の保管，包装，出荷等，比較的機械的で，反復的な作業から発生しますので，標準原価ないし変動予算による管理が可能となります。

以下の資料にもとづき，販売費，一般管理費，営業利益を計算しなさい。

[資　料]··

売 上 総 利 益	800,000円	販 売 員 給 料	120,000円
本社事務員給料	160,000円	広 告 宣 伝 費	200,000円
本 社 企 画 部 費	100,000円	販 売 手 数 料	45,000円

😊解答へのアプローチ

販売費＝販売員給料＋広告宣伝費＋販売手数料

一般管理費＝本社事務員給料＋本社企画部費

営業利益＝売上総利益－販売費及び一般管理費

により算出します。

[解　答]··

販売費	365,000円
一般管理費	260,000円
営業利益	175,000円

営業利益＝800,000円－（365,000円＋260,000円）＝175,000円

15

営業費計算

第16章

16

工場会計の独立

学習のポイント

本社会計から工場会計を分離独立させることを工場会計の独立といいます。本章では，工場会計の独立について学びます。

➡工場会計を独立させるためには，本社の総勘定元帳の中から，工場の活動に関するものを抜き出し，それをまとめて工場元帳に移します。工場専用の仕訳帳と工場元帳を設けて，工場で発生する取引の記録・計算を行います。

➡本社の総勘定元帳には，本社の活動に関するものが残ります。本社専用の仕訳帳と総勘定元帳（一般元帳，本社元帳ともよばれます）に，本社で発生する取引の記録・計算を行います。

➡本社元帳には工場勘定を，工場元帳には本社勘定をそれぞれ設け，工場と本社の両方に関係する取引について記帳します。

➡工場勘定と本社勘定の勘定残高は一致します。一致しない場合には未達取引があるため，本社では未達事項の整理を行います。

➡合併財務諸表を作成する場合，内部利益は除去します。

❶ 工場会計を独立させる理由 ………………………………

　本社会計から工場会計を分離独立させることを**工場会計の独立**といいます。工場会計を独立させる理由として，第1に本社と工場が地理的に離れているため，第2に本社と工場の分権管理を推進させるため，があげられます。

❷ 本社元帳と工場元帳 ……………………………………

　工場会計を独立させるためには，本社の総勘定元帳の中から，工場の活動に関するものを抜き出し，それをまとめて工場元帳に移します。工場専用の仕訳帳と**工場元帳**を設けて，工場で発生する取引の記録・計算を行います。どのような勘定を工場元帳に移すかは，企業の事情によります。一般に，工場により大きな権限が与えられるにつれ，より多くの勘定が工場元帳に設けられることになります。

　なお，本社元帳には**工場勘定**を，工場元帳には**本社勘定**をそれぞれ設け，工場と本社の両方に関係する取引について記帳します。

例題16-1

　工場会計を独立させているとき，本社の一般元帳と工場の工場元帳に，次の取引について必要な仕訳を行いなさい。なお，材料や賃金などの支払いは本社が行っている。仕訳がない場合には仕訳なしと記入すること。ただし，各元帳には次の勘定が設けられている。製造間接費は予定配賦している。

　一般元帳：現金，買掛金，未払賃金，減価償却累計額，製品，工場

　工場元帳：材料，製造間接費，仕掛品，本社

1．本社は材料700,000円を掛買いして，工場に送った。

2．製造間接費440,000円を予定配賦した。

3．工場は製造のため材料を出庫した。そのうち直接費は550,000円，間接費は150,000円であった。

4．工場は直接工賃金400,000円，間接工賃金100,000円を消費し，その合計額を未払賃金に計上した。

221

5．工場は当月の製造用機械の減価償却費80,000円を計上した。

6．水道料，ガス代などの間接経費110,000円を現金で支払った。

7．当月の完成品原価は1,350,000円であった。完成品は本社の製品倉庫に納入した。

☺ 解答へのアプローチ

　工場元帳にどのような勘定を移すかは企業の事情によって異なります。本問のように，工場で完成した製品をただちに本社に送る場合，工場元帳に製品勘定を設けません。本社と工場の両方に関係する取引は，一般元帳では工場勘定を，工場元帳では本社勘定を設けて仕訳を行います。

[解　答]……………………………………………………………………………

	一般元帳				工場元帳			
1	工　　　場	700,000	買　掛　金	700,000	材　　　料	700,000	本　　　社	700,000
2	仕訳なし				仕　掛　品	440,000	製造間接費	440,000
3	仕訳なし				仕　掛　品 製造間接費	550,000 150,000	材　　　料	700,000
4	工　　　場	500,000	未払賃金	500,000	仕　掛　品 製造間接費	400,000 100,000	本　　　社	500,000
5	工　　　場	80,000	減価償却 累　計　額	80,000	製造間接費	80,000	本　　　社	80,000
6	工　　　場	110,000	現　　　金	110,000	製造間接費	110,000	本　　　社	110,000
7	製　　　品	1,350,000	工　　　場	1,350,000	本　　　社	1,350,000	仕　掛　品	1,350,000

3 合併財務諸表の作成 …………………………………………

　工場会計を独立させる場合にも，決算時には企業全体の財務諸表を作成します。この手続は，商業簿記における本支店会計の独立の場合とほぼ同じです。未達取引ないし未達事項の整理と内部利益の除去などが行われます。

★未達取引と未達事項の整理

　決算直前に本社から現金を工場宛に送ったが，現金が届いていない場合は工場に未達です。あるいは，決算直前に工場から製品を本社に送ったが，製品が到着していない場合は本社に未達です。これらを未達取引といいます。未達取引がある場合，本社では未達事項を調査して整理し，工場勘定と本社勘定の残高が一致することを確認したうえで相殺消去します。この手続を未達事項の整理といいます。

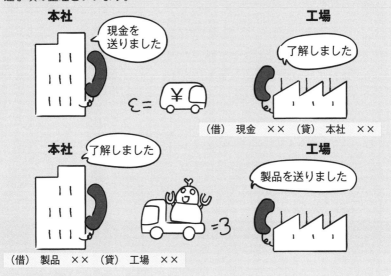

例題16-2

　決算に際し，工場勘定残高と本社勘定残高の不一致が生じた。調査してみると次の未達事項によることがわかった。未達事項の仕訳を行いなさい。

1．本社から工場へ材料29,500円を送ったが，工場に未達であった。

2．工場から本社へ製品350,000円を送ったが，本社に未達であった。

[解　答]……………………………………………………………………………………

1.	（借）	材　　　　料	29,500	（貸）	本　　　　社	29,500
2.	（借）	製　　　　品	350,000	（貸）	工　　　　場	350,000

次の取引について，(1)工場会計を独立させているときの本社の一般元帳と工場の工場元帳，(2)工場会計を独立させていない通常の総勘定元帳のそれぞれの場合について，次の仕訳を示しなさい。なお，工場会計を独立させているとき，現金，買掛金，未払金，未払賃金，減価償却累計額，製品，売上原価，売掛金，売上，工場の諸勘定が本社の一般元帳に設けられており，材料，製造間接費，仕掛品，原価差異，本社の諸勘定が工場の工場元帳に設けられている。

(取引)

1．材料500,000円を掛けで購入した。その引取費用20,000円は未払いである。

2．製造間接費310,000円を予定配賦した。

3．直接材料300,000円，間接材料150,000円を出庫した。

4．直接工賃金260,000円，間接工賃金70,000円を消費し，その合計額を未払賃金に計上した。

5．当月工場減価償却費60,000円を計上した。

6．工場倉庫賃借料40,000円を現金で支払った。

7．製造間接費の差異を原価差異勘定に振り替えた。

8．完成品860,000円を本社製品倉庫に納入した。

9．販売した製品の売上原価は850,000円である。

10．売上高は1,200,000円で，その代金は掛けとした。

11．売掛金900,000円を現金で回収した。

➡ 解答は263ページ

2級　工業簿記
基本問題／応用問題　解答・解説

基本問題 1-1

① 営業費　② 販売費(または一般管理費)　③ 一般管理費(または販売費)

④ 製造間接費　⑤ 労務費

応用問題 1-1

①，④，⑥，⑦

解説

②買入部品費は直接材料費なので製造直接費です。③製造機械の減価償却費は間接経費なので，製造間接費です。⑤工場長の給料は製品との直接的な関係がないので，製造間接費です。⑧製品との直接的な関係がないので製造間接費です。基本的な問題ですが，正解がいくつあるかわからないので完璧に理解していないと正答できないところにこの問題の難しさがあります。

基本問題 2-1

(1) 直接材料費　買入部品費300円＋主要材料費400円＝700円

(2) 間接材料費　補助材料費200円＋工場消耗品費150円

　　　　　　　　＋消耗工具器具備品費100円＝450円

基本問題 2-2

製造原価明細書

(単位：千円)

直接材料費		
月初材料棚卸高	(1,500)	
当月材料仕入高	(15,000)	
合　計	(16,500)	
月末材料棚卸高	(1,800)	(14,700)
直接労務費		(6,500)
製造間接費	8,000	
製造間接費配賦差異	500	7,500
当月総製造費用		(28,700)
月初仕掛品原価		(2,300)
合　計		(31,000)
月末仕掛品原価		(2,000)
当月製品製造原価		(29,000)

解説

直接材料費は月初有高＋当月仕入高－月末有高によって，直接労務費は当

月支払高＋月末未払高－月初未払高によって求めます。製造間接費は予定配賦額によって当月製造費用を計算します。製造間接費実際発生額8,000千円と予定配賦額7,500千円の差が製造間接費配賦差異500千円です。

基本問題 2-3

仕 掛 品

前 月 繰 越	(	400)	製 品	(	5,911)
直接材料費	(	3,660)	次 月 繰 越	(	650)
直接労務費	(	1,501)			
製造間接費	(	1,000)			
		6,561			6,561

損 益 計 算 書

(単位：千円)

売上高			(	8,500)
売上原価				
月初製品棚卸高	(	637)		
当月製品製造原価	(	5,911)		
合 計	(	6,548)		
月末製品棚卸高	(	548)		
差 引	(	6,000)		
原価差異	(	100)	(	5,900)
売上総利益			(	2,600)
販売費及び一般管理費			(	1,600)
営業利益			(	1,000)

解 説

　基本問題2－2では製造原価明細書の作成を求めましたが，本問では当月製品製造原価の計算を仕掛品勘定で求めることが要求されています。直接労務費や製造間接費の計算については基本問題2－2を参照してください。本問でも製造間接費については予定配賦をしていますので，当月製品製造原価の計算では予定配賦額を使います。製造間接費実際発生額は資料4，5，7，8，9から900千円，予定配賦額は1,000千円ですから，原価差異100千円を売上原価から控除します。

応用問題 2-1

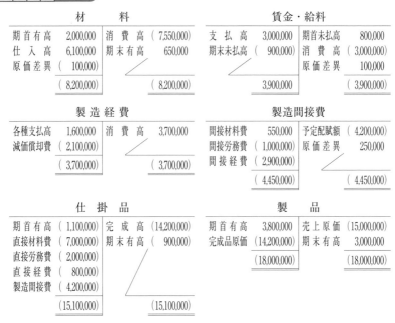

	材　　料		
期首有高	2,000,000	消 費 高	(7,550,000)
仕 入 高	6,100,000	期 末 有 高	650,000
原価差異	(100,000)		
	(8,200,000)		(8,200,000)

	賃金・給料		
支 払 高	3,000,000	期首未払高	800,000
期末未払高	(900,000)	消 費 高	(3,000,000)
		原 価 差 異	100,000
	3,900,000		(3,900,000)

	製 造 経 費		
各種支払高	1,600,000	消 費 高	3,700,000
減価償却費	(2,100,000)		
	(3,700,000)		(3,700,000)

	製 造 間 接 費		
間接材料費	550,000	予定配賦額	(4,200,000)
間接労務費	(1,000,000)	原 価 差 異	250,000
間 接 経 費	(2,900,000)		
	(4,450,000)		(4,450,000)

	仕 掛 品		
期 首 有 高	(1,100,000)	完 成 高	(14,200,000)
直接材料費	(7,000,000)	期 末 有 高	(900,000)
直接労務費	(2,000,000)		
直 接 経 費	(800,000)		
製造間接費	(4,200,000)		
	(15,100,000)		(15,100,000)

	製　　品		
期 首 有 高	3,800,000	売 上 原 価	(15,000,000)
完成品原価	(14,200,000)	期 末 有 高	3,000,000
	(18,000,000)		(18,000,000)

基本問題 3-1

① 材料費勘定を設ける場合

	買 　掛　 金		
		材　料	250,000

	材　　料		
買掛金	250,000	材料費	220,000

	材 　料 　費		
材　料	220,000	諸 口	220,000

	仕 　掛 　品		
材料費	160,000		

	製 造 間 接 費		
材料費	60,000		

② 材料費勘定を設けない場合

	買 　掛 　金		
		材　料	250,000

	材　　料		
買掛金	250,000	諸 口	220,000

	仕 　掛 　品		
材　料	160,000		

	製 造 間 接 費		
材　料	60,000		

解　説

仕訳を示しておきます。

① 材料費勘定を設ける場合

（ア）（借）材　　　　料　250,000　　（貸）買　　掛　　金　250,000

（イ）（借）材　　料　　費　220,000　　（貸）材　　　　料　220,000

　　　（借）仕　　掛　　品　160,000　　（貸）材　　料　　費　220,000

　　　　　製 造 間 接 費　 60,000

② 材料費勘定を設けない場合

（ア）（借）材　　　　料　250,000　　（貸）買　　掛　　金　250,000

（イ）（借）仕　　掛　　品　160,000　　（貸）材　　　　料　220,000

　　　　　製 造 間 接 費　 60,000

基本問題 3-2

(1)（借）材　　　　料　200,000　（貸）買　　掛　　金　200,000

(2)（借）材　　　　料　100,000　（貸）買　　掛　　金　100,000

(3)（借）材　　　　料　 28,000　（貸）現　　　　金　 28,000

(4)（借）仕　　掛　　品　 80,000　（貸）材　　　　料　 80,000

(5)（借）製 造 間 接 費　 10,000　（貸）材　　　　料　 10,000

(6)（借）製 造 間 接 費　 7,500　（貸）材　　　　料　 7,500

解　説

　この問題では，単一の材料勘定で記入することを指示しましたが，材料勘定を分割して，素材勘定，買入部品勘定，燃料勘定，工場消耗品勘定などを総勘定元帳に設ける方法もあります。

基本問題 3-3

(1) 730,000円　　(2) 730,000円　　(3) 680,000円

解　説

　『原価計算基準』は，「購入した材料に対して値引又は割戻等を受けたときは，これを材料の購入原価から控除する」としています。現金割引については，明文の規定はありませんが，従来わが国では営業外収益として処理して

きました。そこで，ここでもそのような処理方法に従って解答しました。し
かしアメリカでは，材料の購入過程から利益は生じないと考え，受けた現金
割引額だけその材料の購入原価から減らすのが通常の方法です。

(1) 購入代価に引取費用のみを加算する場合

① 購入代価の計算

材料 X：@100円×400個＝40,000円

材料 Y：@150円×600個＝90,000円

② 引取費用の計算

材料 X：$1,000円 + \dfrac{10,000円}{400個 + 600個} \times 400個 = 5,000円$

材料 Y：$1,500円 + \dfrac{10,000円}{400個 + 600個} \times 600個 = 7,500円$

③ 取得原価の計算

材料 X：40,000円＋5,000円＝45,000円

材料 Y：90,000円＋7,500円＝97,500円

(2) 引取費用だけでなく内部材料副費も加算する場合

① 内部材料副費の計算

材料 X：$\dfrac{1,300,000円 + 650,000円 + 325,000円}{13,000,000円} \times 40,000円 = 7,000円$

材料 Y：$\dfrac{1,300,000円 + 650,000円 + 325,000円}{13,000,000円} \times 90,000円 = 15,750円$

② 取得原価の計算

材料 X：45,000円＋7,000円＝52,000円

材料 Y：97,500円＋15,750円＝113,250円

基本問題 3-5

材 料 仕 入 帳

日付		摘要	借方			元丁	貸方	
			素材	買入部品	工場消耗品		買掛金	諸口
6	3		65,000				65,000	
	8				20,000			20,000
	15		210,000				210,000	
	21			130,000				130,000
	25		170,000				170,000	
	29				40,000		40,000	
			445,000	130,000	60,000		485,000	150,000

合計仕訳

借方科目	金 額	貸方科目	金 額
素 材	445,000	買 掛 金	485,000
買 入 部 品	130,000	諸 口	150,000
工 場 消 耗 品	60,000		

総 勘 定 元 帳

素 材

6/30 諸 口 445,000 |

買 入 部 品

6/30 諸 口 130,000 |

工場消耗品

6/30 諸 口 60,000 |

買 掛 金

| 6/30 諸 口 485,000

解 説

　合計仕訳は借方，貸方ともに合計額で行っています。それゆえ，総勘定元帳への転記では，合計仕訳を転記するという立場から相手勘定をすべて諸口としています。

基本問題 3-6

(1) 先入先出法による場合

材　料　元　帳

日付		受入			払出			残高		
		数量	単価	金額	数量	単価	金額	数量	単価	金額
6	1	繰越								
		100	10	1,000				100	10	1,000
	4				25	10	250	75	10	750
	10	400	11	4,400				{ 75	10	750
								{ 400	11	4,400
	14				{ 75	10	750			
					{ 75	11	825	325	11	3,575
	16				10	10	100	{ 10	10	100
								{ 325	11	3,575
	20	150	12	1,800				{ 10	10	100
								{ 325	11	3,575
								{ 150	12	1,800
	28				{ 10	10	100	{ 175	11	1,925
					{ 150	11	1,650	{ 150	12	1,800
	30				325		3,475			
					繰越					
					{ 175	11	1,925			
					{ 150	12	1,800			
		650		7,200	650		7,200			
7	1	繰越								
		{ 175	11	1,925				{ 175	11	1,925
		{ 150	12	1,800				{ 150	12	1,800

232

(2) 移動平均法による場合

材 料 元 帳

日付		受入			払出			残高		
		数量	単価	金額	数量	単価	金額	数量	単価	金額
6	1	繰越								
		100	10	1,000				100	10	1,000
	4				25	10	250	75	10	750
	10	400	11	4,400				475	10.84	5,150
	14				150	10.84	1,626	325	10.84	3,524
	16				10	10	100	335	10.82	3,624
	20	150	12	1,800				485	11.18	5,424
	28				160	11.18	1,789	325	11.18	3,635
	30				325		3,565			
					繰越					
					325	11.18	3,635			
		650		7,200	650		7,200			
7	1	繰越								
		325	11.18	3,635				325	11.18	3,635

解 説

　移動平均法による場合での6月14日の残高欄の金額は，単価の四捨五入による影響を除くため，10日の残高欄の金額から14日の払出欄の金額を控除して求めます。16日と28日の残高についても同様です。

応用問題 3−1

(1) （借) 仕　掛　品　　5,280,000　（貸) 素　　　　　材　　3,950,000
　　　　　製 造 間 接 費　1,110,000　　　　買 入 部 品　　1,340,000
　　　　　　　　　　　　　　　　　　　　　　工 場 消 耗 品　　　420,000
　　　　　　　　　　　　　　　　　　　　　　消耗工具器具備品　　680,000
(2) （借) 材料消費価格差異　320,000　（貸) 素　　　　　材　　　320,000
　　　（借) 買 入 部 品　　120,000　（貸) 材料消費価格差異　　120,000

　材料の消費単価として，予定価格を用いる場合，実際価格による消費額と予定価格による消費額との間に差異（材料消費価格差異）が生じるので，予定価格を使用するときには，その処理が必要となります。その処理方法を勘定連絡図によって示すと，次のようになります。ただし，実際価格＞予定価格の場合を仮定しています。

① 材料費勘定を設ける場合

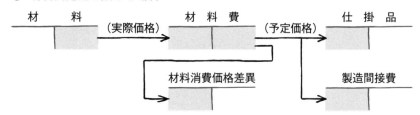

② 材料費勘定を設けない場合（本問の場合）

応用問題 3-2

（借）仕 掛 品　　1,095,000　（貸）材　　　　料　　1,096,100
　　　製 造 間 接 費　　　1,100

解 説

　材料の払出単価については，先入先出法なので，500kg については@100円を，9,500kg については@110円を使います。棚卸減耗量は（500kg＋9,900kg－10,000kg）－390kg＝10kg で，@110円を使います。

基本問題 4−1

(1) （借）賃 金・給 料　950,000　（貸）所 得 税 預 り 金　67,000
　　　　　　　　　　　　　　　　　　健康保険料預り金　52,000
　　　　　　　　　　　　　　　　　　当 座 預 金　831,000
(2) （借）仕 掛 品　482,400　（貸）賃 金 ・ 給 料　492,000
　　　　製 造 間 接 費　9,600
(3) （借）賃 金・給 料　90,000　（貸）未 払 賃 金・給 料　90,000
　　（借）製 造 間 接 費　470,000　（貸）賃 金・給 料　470,000
(4) （借）賃 率 差 異　13,000　（貸）賃 金・給 料　13,000

解 説

　支払賃金と消費賃金，つまり労務費を混乱しないことが重要です。また，直接工の労務費は予定賃率にもとづくために，賃率差異が生じます。間接工の労務費は要支払額で計算しますので，支払額の計上されている賃金・給料勘定が要支払額を示すように修正しなければなりません。

基本問題 4−2

(1) （借）未 払 賃 金　150,000　（貸）賃 金　150,000
(2) （借）仕 掛 品　480,000　（貸）賃 金　520,000
　　　　製 造 間 接 費　40,000
(3) （借）賃 金　520,000　（貸）預 り 金　30,000
　　　　　　　　　　　　　　　　　立 替 金　20,000
　　　　　　　　　　　　　　　　　現 金　470,000
(4) （借）賃 金　160,000　（貸）未 払 賃 金　160,000
　　（借）賃 率 差 異　10,000　（貸）賃 金　10,000

解 説

　当月末の未払賃金を転記した後の賃金勘定を示すと，次のようになります。

賃　　金			
(3)支 払 額	520,000	(1)前月繰越	150,000
(4)次月繰越	160,000	(2)消 費 額	520,000

したがって，賃金勘定の借方に差異10,000円が生じています。これを賃率

235

差異勘定に振り替えます。

応用問題 4－1

賃金・給料

支 払 額	（ 1,734,000）	前 月 未 払	（ 427,900）
当 月 未 払	（ 387,750）	消 費 額	（ 1,693,000）
		賃 率 差 異	（ 850）
	（ 2,121,750）		（ 2,121,750）

解 説

賃率差異は直接工賃金について生じます。

賃率差異＝（724,000円＋197,750円－227,900円）－1,100円/時×630時間
　　　　＝850円

基本問題 5－1

修繕料	22,000円
保険料	13,000円
外注加工賃	14,000円
電力料	140,500円
減価償却費	18,000円

解 説

修繕料は当月支払額＋当月未払額－前月未払額によって，年額がわかって
いる経費については月割によって当月消費額を求めます。電力料は月間の基
本料金に当月の使用料を加えて当月消費額を求めます。

基本問題 5－2

製造間接費		仕 掛 品	
間接材料費 （ 10,000）		直接経費 （ 70,000）	
間接経費 （ 128,000）			

解 説

直接経費と間接経費には何が含まれるか，間接材料費には何が含まれるか，
しっかり理解してください。外注加工賃は直接経費です。間接材料費は工場

消耗品費，それ以外の費用は間接経費です。

基本問題 6-1

(1) 実際的生産能力基準の場合

予定配賦率 （ 130) 円/時間

製造間接費

実際発生額	（ 1,250,000)	配　賦　額	（ 1,105,000)
[　　　　]	（　　　　）	[配 賦 差 異]	（ 145,000)
	（ 1,250,000)		（ 1,250,000)

(2) 期待実際操業度基準の場合

予定配賦率 （ 150) 円/時間

製造間接費

実際発生額	（ 1,250,000)	配　賦　額	（ 1,275,000)
[配 賦 差 異]	（ 25,000)	[　　　　]	（　　　　）
	（ 1,275,000)		（ 1,275,000)

基本問題 6-2

	実際的生産能力基準	期待実際操業基準
予定配賦率	120円/時	150円/時
予定配賦額	948,000円	1,185,000円
配 賦 差 異	232,000円（借）	5,000円（貸）

応用問題 6-1

まず，配賦差額を計算します。

予定配賦率＝製造間接費予算÷基準操業度

＝(70円/時×8,000時間＋80万円)÷8,000時間＝170円/時

予定配賦額＝予定配賦率×実際操業度

＝170円/時×9,000時間＝153万円

配賦差額＝実際発生額－予定配賦額

＝145万円－153万円＝△8万円（貸方差異）

この配賦差額を予算差異と操業度差異に分析する際に，固定予算を用いる

場合と変動予算を用いる場合で異なります。

⑴　固定予算を用いる場合

　　　予算差異＝実際発生額−固定予算

　　　　　　　＝145万円−(70円/時×8,000時間＋80万円)＝9万円（借方差異）

　　　操業度差異＝固定予算−予定配賦額

　　　　　　　＝(70円/時×8,000時間＋80万円)−170円/時×9,000時間

　　　　　　　＝△17万円（貸方差異）

　（検証）

　　　配賦差額＝予算差異＋操業度差異

　　　　　　　＝9万円（借方差異)＋△17万円（貸方差異）

　　　　　　　＝△8万円（貸方差異）

⑵　変動予算を用いる場合

　　　予算差異＝実際発生額−変動予算

　　　　　　　＝145万円−(70円/時×9,000時間＋80万円)＝2万円（借方差異）

　　　操業度差異＝変動予算−予定配賦額

　　　　　　　＝(70円/時×9,000時間＋80万円)−170円/時×9,000時間

　　　　　　　＝△10万円（貸方差異）

　（検証）

　　　配賦差額＝予算差異＋操業度差異

　　　　　　　＝2万円（借方差異)＋△10万円（貸方差異）

　　　　　　　＝△8万円（貸方差異）

基本問題 7-1

部門別配賦表 （単位：万円）

	合計	製造部門		補助部門		
		第 1 製造部	第 2 製造部	保全部	材料 倉庫部	工 場 事務部
部門個別費	3,800	1,500	1,200	235	390	475
福利施設負担額	700	300	200	40	60	100
建物減価償却費	500	200	200	25	50	25
部門費	5,000	2,000	1,600	300	500	600
第1次配賦						
工場事務部費	600	300	200	40	60	－
材料倉庫部費	500	200	200	100	－	－
保全部費	300	120	160	－	20	－
第2次配賦				140	80	－
材料倉庫部費	80	40	40			
保全部費	140	60	80			
製造部門費		2,720	2,280			

基本問題 7-2

予算部門別配賦表 （単位：万円）

	合計	製造部門		補助部門	
		第 1 製造部	第 2 製造部	材 料 倉庫部	工 場 事務部
部門個別費	15,100	2,365	5,135	3,275	4,325
建物減価償却費	1,500	400	700	300	100
福利施設負担額	2,500	1,500	625	125	250
部門費	19,100	4,265	6,460	3,700	4,675
材料倉庫部費	3,700	2,035	1,665		
工場事務部費	4,675	3,300	1,375		
製造部門費		9,600	9,500		

基本問題 8-1

当月の月末仕掛品原価 =		98,000円
当月の月末製品原価　 =		177,500円
当月の売上原価　　　 =		789,000円

解説

　個別原価計算の原価集計に関する基本問題です。本問の解答に際しては，資料にもとづき各製造指図書を作成し，製造原価を計算します。ここで，資料3のデータから，製造間接費の予定配賦率は以下のようになります。

　　製造間接費予定配賦率　5,040,000円 ÷ 2,520時間 = 2,000円/時間

製造指図書 #100（前月分65,000円）

　　直接材料費　1,000円/kg × 32kg = 32,000円

　　直接労務費　1,500円/時間 × 38時間 = 57,000円

　　製造間接費　2,000円/時間 × 38時間 = 76,000円　　　合計　230,000円

製造指図書 #101

　　直接材料費　1,000円/kg × 71kg = 71,000円

　　直接労務費　1,500円/時間 × 70時間 = 105,000円

　　製造間接費　2,000円/時間 × 70時間 = 140,000円　　　合計　316,000円

製造指図書 #102

　　直接材料費　1,000円/kg × 68kg = 68,000円

　　直接労務費　1,500円/時間 × 50時間 = 75,000円

　　製造間接費　2,000円/時間 × 50時間 = 100,000円　　　合計　243,000円

製造指図書 #103

　　直接材料費　1,000円/kg × 55kg = 55,000円

　　直接労務費　1,500円/時間 × 35時間 = 52,500円

　　製造間接費　2,000円/時間 × 35時間 = 70,000円　　　合計　177,500円

製造指図書 #104

　　直接材料費　1,000円/kg × 28kg = 28,000円

　　直接労務費　1,500円/時間 × 20時間 = 30,000円

　　製造間接費　2,000円/時間 × 20時間 = 40,000円　　　合計　98,000円

　上記のうち，問題文より，当月の月末仕掛品が製造指図書＃104，当月の月末製品在庫が製造指図書＃103，当月に顧客に引き渡され当月の売上原価となるのが製造指図書＃100，製造指図書＃101，製造指図書＃102なので解答すべき金額は以下のようになります。

　　当月の月末仕掛品原価　98,000円

　　当月の月末製品原価　177,500円

　　当月の売上原価　230,000円＋316,000円＋243,000円＝789,000円

[基]本[問]題 8-2

	仕　掛　品		（単位：円）
月初仕掛品	（　1,818,000）	当月完成品	（　5,157,000）
直接材料費	（　1,017,000）	月末仕掛品	（　1,962,000）
直接労務費	（　1,666,000）		
製造間接費	（　2,618,000）		
	（　7,119,000）		（　7,119,000）

月 次 損 益 計 算 書　（単位：円）

売上高		12,300,000
売上原価		
月初製品棚卸高	（　2,801,000）	
当月製品製造原価	（　5,157,000）	
合　計	（　7,958,000）	
月末製品棚卸高	（　2,871,000）	
差　引	（　5,087,000）	
原価差異	（　84,000）	（　5,171,000）
売上総利益		（　7,129,000）
販売費及び一般管理費		2,513,000
営業利益		（　4,616,000）

（解　説）

　実際個別原価計算に関する基本問題です。

　解答欄の仕掛品勘定および月次損益計算書を作成するにあたっては，まず各製造指図書の原価計算表を作成します。直接材料費については，資料2の各月の実際消費単価を資料1の実際消費量に乗じて計算します。また，直接労務費と製造間接費に関しても同様に，資料3と4の実際賃率，予定配賦率を資料1の実際直接作業時間に乗じて計算します。このようにして以下の原

価計算表を作成します。

原 価 計 算 表　　　　　　（単位：円）

	直接材料費	直接労務費	製造間接費	製造原価合計	
No. 200	425,000	924,000	1,452,000	2,801,000	③
No. 201（前月）	306,000	588,000	924,000	1,818,000	①
No. 201（当月）	108,000	140,000	220,000	468,000	
No. 202	369,000	784,000	1,232,000	2,385,000	④
No. 202-2	198,000	112,000	176,000	486,000	④
No. 203	342,000	630,000	990,000	1,962,000	②

　問題文の資料1の備考から，No.201の前月分の製造原価のみが月初仕掛品原価を構成するので，これが解答欄の仕掛品勘定借方の月初仕掛品の金額となります（原価計算表の①）。

　仕掛品勘定の直接材料費の金額は，当月の直接材料費ですから，No.201（当月），No.202，No.202-2およびNo.203の直接材料費の欄の金額を縦に合計します。

　　直接材料費　108,000円＋369,000円＋198,000円＋342,000円＝1,017,000円
同様に直接労務費と製造間接費も計算します。

　　直接労務費　140,000円＋784,000円＋112,000円＋630,000円＝1,666,000円

　　製造間接費　220,000円＋1,232,000円＋176,000円＋990,000円＝2,618,000円

　一方，仕掛品勘定の貸方の当月完成品の金額は，当月の完成品原価を意味するので，No.201（前月と当月）とNo.202（補修指図書No.202-2の原価を含む）の製造原価を合計します。

　　当月完成品原価　（1,818,000円＋468,000円）＋（2,385,000円＋486,000円）
　　　　　　　　　　＝5,157,000円

　また，仕掛品勘定貸方の月末仕掛品の金額は，当月末に未完成の製造指図書であるNo.203の製造原価合計です（原価計算表の②）。

　月次損益計算書の作成においては，問題文の資料1の備考から，月初製品棚卸高の金額はNo.200の製造原価合計（原価計算表の③）であり，月末製品棚卸高の金額はNo.202（補修指図書No.202-2の原価を含む）の製造原価合計（原価計算表の④）です。当月製品製造原価は，当月完成品原価ですから上記の5,157,000円が該当します。また，製造間接費の配賦差異は，上記の

予定配賦額2,618,000円と資料4の実際発生額2,702,000円との差額ですから，84,000円の借方差異となり，売上原価に加算することになります。以上より売上原価が5,171,000円と計算できるので，最終的な営業利益は以下のようになります。

　　営業利益　12,300,000円−5,171,000円−2,513,000円＝4,616,000円

基本問題 8−3

(1)	(借)	材	料	5,250,000	(貸)	買	掛	金	5,040,000
						当 座 預 金			210,000
(2)	(借)	仕	掛 品	4,147,500	(貸)	材		料	4,230,000
		製 造 間 接 費		82,500					
(3)	(借)	仕	掛 品	6,660,000	(貸)	賃 金 ・ 給 料			6,660,000
(4)	(借)	仕	掛 品	6,600,000	(貸)	製 造 間 接 費			6,600,000
(5)	(借)	製	品	13,836,250	(貸)	仕	掛	品	13,836,250

解 説

　個別原価計算に関する一連の流れを仕訳の形式で問う問題です。(5)で製造指図書別の金額が必要となるので，(2)，(3)および(4)で，製造指図書別の金額も計算しておく必要があります。では，(1)から順に解説していきます。

　(1)は材料の購入に関する仕訳です。材料の購入原価は，購入代価に材料副費を加えた金額です。すなわち，購入代価5,040,000円に，当社負担の運送費，荷役費および保険料等の合計210,000円を加えた5,250,000円がA材料の購入原価となります。購入量は14,000kgですから，当月購入したA材料の単位当たり購入原価は375円/kgとなります（この単価は(2)で用います）。

　(2)は材料の消費に関する仕訳です。問題文において，材料費の計算には先入先出法にもとづく実際払出価格を用いるという指示があるので，A材料の月初有高2,000kgはすべて，当月の最初に材料が投入される製造指図書＃10に払い出され，製造指図書＃10のうちあとの1,000kgと製造指図書＃20と製造指図書＃30へは当月購入のA材料が払い出されたとみなします。よって当月の材料投入額は以下のように計算できます。

A材料投入額　780,000円＋375円/kg×(1,000kg＋5,870kg＋2,110kg)

　　　　　　　　　＝4,147,500円

　また，A材料の計算上の月末有高は5,020kg（2,000kg＋14,000kg－10,980kg

（材料消費量合計））であるのに対し，実際月末有高は4,800kgであったので，

220kgの棚卸減耗が生じていることがわかります。本問の先入先出法という

指示により，当該棚卸減耗の金額は当月のA材料購入単価である375円/kg

により計算します。よって計算式は以下のようになります。

　　　A材料の棚卸減耗　375円/kg×220kg＝82,500円

　なお，棚卸減耗は製造間接費として処理されるため解答のような仕訳とな

ります。

　(3)は労務費に関する仕訳です。労務費は予定賃率に実際の作業時間を乗じ

て計算します。

　　　直接労務費　1,200円/時間×(1,850時間＋1,600時間＋2,100時間)

　　　　　　　　＝6,660,000円

　(4)は製造間接費の予定配賦に関する仕訳です。製造間接費は予定配賦率に

実際機械運転時間を乗じて計算します。なお，予定配賦率は，問題文の年間

予算を年間予定機械運転時間で除して計算します。

　　　予定配賦率　77,000,000円÷35,000時間＝2,200円/時間

　　　製造間接費　2,200円/時間×(1,050時間＋750時間＋1,200時間)

　　　　　　　　＝6,600,000円

　(5)は製品の完成時に関する仕訳です。製造指図書別に集計した金額で，完

成した＃10と＃30の合計金額を仕掛品勘定から製品勘定に振り替えます。

　　　製造指図書＃10　月初仕掛品原価＋直接材料費＋直接労務費＋製造間接費

　　　　　　　　　　　＝2,200,000円＋1,155,000円＋2,220,000円＋2,310,000円

　　　　　　　　　　　＝7,885,000円

　　　製造指図書＃30　直接材料費＋直接労務費＋製造間接費

　　　　　　　　　　　＝791,250円＋2,520,000円＋2,640,000円

　　　　　　　　　　　＝5,951,250円

　　　合　　　計　7,885,000円＋5,951,250円＝13,836,250円

応用問題 8−1

(1)

製造原価報告書

（単位：円）

直 接 材 料 費	（	945,000）
直 接 労 務 費	（	565,500）
製 造 間 接 費		1,812,000
合 計	（	3,322,500）
製造間接費配賦差異	（	72,000）
当 月 製 造 費 用	（	3,250,500）
月 初 仕 掛 品 原 価	（	0）
合 計	（	3,250,500）
月 末 仕 掛 品 原 価	（	679,500）
当 月 製 品 製 造 原 価	（	2,571,000）

(2)

原 価 差 異 ＝	△72,000円
売上原価（原価差異賦課後）＝	2,287,000円

解説

個別原価計算に関する問題です。製造原価報告書を作成するとともに，月次損益計算書における原価差異と売上原価を解答しなければなりません。そのためには問題の資料を適切に用いる必要があります。

(1) 製造原価報告書の作成

・直接材料費の計算

資料1の備考欄から No. 302，No. 303，No. 303-2および No. 304が今月の作業なので，その直接材料費を合計します。各指図書の直接材料費は，資料2の予定消費単価に資料1の実際直接材料消費量を乗じて計算します。

（750円/kg×470kg）＋（750円/kg×390kg）＋（750円/kg×130kg）

＋（750円/kg×270kg）＝945,000円

・直接労務費の計算

同様に，No. 302，No. 303，No. 303-2および No. 304が今月の直接労務費計算のための実際直接作業時間となります。これに予定賃率を乗じて直接労務費を計算します。

1,300円/時間×（135時間＋170時間＋40時間＋90時間）＝565,500円

- 製造間接費配賦差異および当月製造費用の計算

製造間接費予定配賦率＝28,800,000円÷7,200時間＝4,000円/時間

製造間接費予定配賦額

＝4,000円/時間×（135時間＋170時間＋40時間＋90時間）＝1,740,000円

製造間接費の実際発生額と予定配賦額との差額が製造間接費配賦差異です。本問では実際発生額のほうが多額であるため配賦不足となっています。

製造間接費配賦差異＝1,740,000円－1,812,000円＝△72,000円

配賦不足のため，これを直接材料費，直接労務費，製造間接費の合計から控除して当月製造費用を算定します。

当月製造費用＝（945,000円＋565,500円＋1,812,000円）－72,000円＝3,250,500円

- 月初仕掛品原価

資料1の備考欄から月初仕掛品は存在しないため，月初仕掛品原価はゼロとなります。

- 月末仕掛品原価の計算

資料1の備考欄からNo.304のみが月末仕掛品であるため，この原価を計算します。

No.304の原価＝750円/kg×270kg＋1,300円/時間×90時間＋4,000円/時間
×90時間＝679,500円

上記より，当月製品製造原価は2,571,000円となります。

(2) 月次損益計算書における原価差異と売上原価（原価差異賦課後）の金額
算定

- 原価差異の計算

上記より，原価差異の金額としては製造間接費配賦差異の金額72,000円（借方差異）が該当します。

- 売上原価（原価差異賦課後）の計算

資料1の備考欄からNo.301，No.302が今月販売されたので，売上原価はこれらの原価合計に原価差異である72,000円を加算（賦課）した金額になります。

No.301の原価＝750円/kg×540kg＋1,300円/時間×140時間
＋4,000円/時間×140時間＝1,147,000円

No.302の原価 = (750円/kg × 470kg) + 1,300円/時間

× 135時間 + 4,000円/時間 × 135時間 = 1,068,000円

売上原価の金額 = 1,147,000円 + 1,068,000円 + 72,000円 = 2,287,000円

基本問題 9-1

甲製品仕掛品（単位：円）

前月繰越	104,000	甲 製 品	1,230,000
材 料 費	248,700	次月繰越	65,100
加 工 費	942,400		
	1,295,100		1,295,100

乙製品仕掛品（単位：円）

前月繰越	128,000	乙 製 品	1,071,000
材 料 費	218,400	次月繰越	69,000
加 工 費	793,600		
	1,140,000		1,140,000

基本問題 9-2

製品A1　① 完成品総合原価　　　　220,000円

　　　　② 完成品単位原価 @　　　440円

製品A2　① 完成品総合原価　　　　237,600円

　　　　② 完成品単位原価 @　　2,376円

解 説

直接材料費

月初仕掛品 200個 50,000	完成品 600個 208,000
当月投入 700個 276,500	月末仕掛品 300個 118,500

加 工 費

月初仕掛品 200個×70% =140個 33,400	完成品 600個 249,600
当月投入 610個 286,700	月末仕掛品 300個×50% =150個 70,500

月末仕掛品：$\dfrac{276,500円}{700個} \times 300個$
= 118,500円

完 成 品：50,000円 + 276,500円
　　　　 − 118,500円 = 208,000円

月末仕掛品：$\dfrac{286,700円}{610個} \times 150個$
= 70,500円

完 成 品：33,400円 + 286,700円
　　　　 − 70,500円 = 249,600円

完成品総合原価：208,000円 + 249,600円 = 457,600円

247

	完成品数量	等価係数	積数	完成品総合原価	単価
製品A1	500個	1	500	220,000円	@440円
製品A2	100個	5.4	540	237,600	@2,376
			1,040	457,600円	

基本問題 9-3

月次工程別総合原価計算表（10月） （単位：円）

	第 1 工 程			第 2 工 程		
	原料費	加工費	合計	前工程費	加工費	合計
月初仕掛品原価	570	159	729	2,319	660	2,979
当月製造費用	9,510	5,376	14,886	15,000	6,270	21,270
合　　計	10,080	5,535	15,615	17,319	6,930	24,249
差引：						
月末仕掛品原価	480	135	615	2,259	630	2,889
完成品総合原価	9,600	5,400	15,000	15,060	6,300	21,360
完成品単位原価	48.00	27.00	75.00	88.59	37.06	125.65

応用問題 9-1

総 合 原 価 計 算 表

	数　　量	直接材料費	加工費	合計
月初仕掛品	100個 （1／2）	3,500円	2,000円	5,500円
当月投入	2,000	74,200	40,900	115,100
計	2,100	77,700円	42,900円	120,600円
月末仕掛品	300 （1／2）	11,100	3,300	14,400
差引完成品	1,800個	66,600	39,600	106,200
単　価		@　37円	@　22円	@　59円

月次損益計算書　　　　（単位：円）

売上高		（　144,000）
売上原価		
月初製品棚卸高	（　　6,000）	
当月製品製造原価	（　106,200）	
計	（　112,200）	
月末製品棚卸高	（　　5,900）	（　106,300）
売上総利益		（　37,700）
販売費及び一般管理費		
変動販売費	（　　5,400）	
固定販売費及び一般管理費	（　　6,500）	（　11,900）
営業利益		（　25,800）

解　説

①売上原価の計算で先入先出法の採用が指示されている点と，②販売費及び一般管理費が変動費と固定費に分けて表示されている点に注意する必要があります。

①の仮定から，月初製品棚卸高は販売され，月末製品棚卸高は当月に製造された製品原価（その金額は原価計算表から得られる）であると考えます。

②については，変動販売費については，月初製品棚卸高（100個）＋当月完成量（1,800個）－月末製品棚卸高（100個）＝当月販売量（1,800個）の計算によって販売量を求め，この販売量に製品1個当たり変動販売費3円を乗じて，（3×1,800）により5,400円と計算されます。

(1)	95,332	円/単位
(2)	880,000	円（借　方）
(3)	377,200	円（借　方）
(4)	23,000	円（貸　方）

仕　掛　品			（単位：円）
直 接 材 料 費	(22,500,000)	完　　成　　高	(38,132,800)
直 接 労 務 費	(16,650,000)	月　末　有　高	(5,573,280)
製 造 間 接 費	(8,029,000)	原　価　差　異	(3,472,920)
	(47,179,000)		(47,179,000)

解　説

1．製品Aの原価標準の計算

標準直接材料費	50kg/単位×880円/kg	=44,000円
標準直接労務費	82時間/単位×410円/時間	=33,620
標準製造間接費	82時間/単位×216円/時間※	=17,712
	製品A1単位当たりの標準原価	95,332円

$$※\quad 標準配賦率\quad \frac{8,100,000円}{37,500時間}=@216円$$

2．生産データのまとめ

生産データ

月　初	0 － 0	完　成	400 － 400
当　月	480 － 440	月　末	80 － 40

3．仕掛品勘定の金額計算

（1）完成品原価の計算

400単位×@95,332円＝38,132,800円

（2）月末仕掛品原価の計算

直接材料費	80単位×@44,000円＝	3,520,000円
直接労務費	40単位×@33,620円＝	1,344,800
製造間接費	40単位×@17,712円＝	708,480
合　　　計		5,573,280円

(3) 当月製造費用

直接材料費　22,500,000円

直接労務費　16,650,000円

製造間接費　　8,029,000円

(4) 原価差異（総差異）の計算

① 当月生産実績に対する標準原価の計算

直接材料費　480単位×@44,000円＝21,120,000円

直接労務費　440単位×@33,620円＝14,792,800円

製造間接費　440単位×@17,712円＝　7,793,280円

② 原価差異（総差異）の計算

直接材料費差異　22,500,000円－21,120,000円＝1,380,000円（借方差異）

直接労務費差異　16,650,000円－14,792,800円＝1,857,200円（借方差異）

製造間接費差異　　8,029,000円－　7,793,280円＝　235,720円（借方差異）

計：原価差異（総差異）　　　　　　　　　　3,472,920円（借方差異）

4．原価差異の原因別分析

(1) 直接材料費差異の原因別分析

材料価格差異　（@900円－@880円）×25,000kg＝500,000円（借方差異）

材料消費量差異　（25,000kg－24,000kg）×@880円＝880,000円

（借方差異）

(2) 直接労務費差異の原因別分析

労働賃率差異　（@450円－@410円）×37,000時間＝1,480,000円

（借方差異）

直接作業時間差異　（37,000時間－36,080時間）×@410円＝377,200円

（借方差異）

(3) 製造間接費差異の原因別分析

予算差異　8,029,000円－（@96円×37,000時間＋4,500,000円）

＝－23,000円（貸方差異）

能率差異　（37,000時間－36,080時間）×@216円＝198,720円（借方差異）

操業度差異　（37,500時間－37,000時間）×@120円＝60,000円（借方差異）

製造間接費総差異	98,000円 （ 借 ）
予　算　差　異	7,000円 （ 貸 ）
能　率　差　異	75,000円 （ 借 ）
操　業　度　差　異	30,000円 （ 借 ）

解　説

1．生産データの作成

生産データ

月　初	400 － 300	完　成	900 － 900
当　月	800 － 750	月　末	300 － 150

2．製品A1個当たりの標準製造間接費

(1) 標準配賦率の計算

① 標準配賦率　15,000,000円÷60,000時間＝@250円

② 変　動　費　率　6,000,000円÷60,000時間＝@100円

③ 固　定　費　率　9,000,000円÷60,000時間＝@150円

(2) 製品A1個当たりの標準製造間接費

6時間×@250円＝1,500円

3．製造間接費総差異の計算

(1) 標準製造間接費　750個×@1,500円＝1,125,000円

(2) 製造間接費総差異　1,223,000円－1,125,000円＝98,000円（借方差異）

4．製造間接費総差異の原因別分析

(1) 標準操業度　750個×6時間＝4,500時間

(2) 月間固定製造間接費　9,000,000円÷12カ月＝750,000円

(3) 月間正常直接作業時間　60,000時間÷12カ月＝5,000時間

(4) 実際操業度の予算額　750,000円＋4,800時間×@100＝1,230,000円

(5) 予算差異　1,223,000円－1,230,000円＝－7,000円（貸方差異）

(6) 能率差異　（4,800時間－4,500時間）×@250円＝75,000円（借方差異）

(7) 操業度差異　（5,000時間－4,800時間）×@150円＝30,000円（借方差異）

基本問題 10-3

(1) パーシャル・プランの場合

仕　　掛　　品			（単位：円）
直接材料費	（　　57,800）	製　　　　品	（　　102,000）
直接労務費	（　　26,800）	月 末 有 高	（　　15,000）
製造間接費	（　　34,000）	原 価 差 異	（　　1,600）
	（　118,600）		（　118,600）

製　　　　品			（単位：円）
月 初 有 高	（　　12,750）	売 上 原 価	（　　104,550）
仕 　掛 　品	（　102,000）	月 末 有 高	（　　10,200）
	（　114,750）		（　114,750）

(2) シングル・プランの場合

仕　　掛　　品			（単位：円）
直接材料費	（　　57,600）	製　　　　品	（　　102,000）
直接労務費	（　　26,400）	月 末 有 高	（　　15,000）
製造間接費	（　　33,000）		
	（　117,000）		（　117,000）

製　　　　品			（単位：円）
月 初 有 高	（　　12,750）	売 上 原 価	（　　104,550）
仕 　掛 　品	（　102,000）	月 末 有 高	（　　10,200）
	（　114,750）		（　114,750）

基本問題 10-4

直接材料費差異	325,000円	（不利差異）
価 格 差 異	65,000円	（不利差異）
数 量 差 異	260,000円	（不利差異）
直接労務費差異	314,900円	（不利差異）
賃 率 差 異	30,100円	（有利差異）
時 間 差 異	345,000円	（不利差異）
製造間接費差異	1,716,200円	（不利差異）
予 算 差 異	1,301,200円	（不利差異）
能 率 差 異	495,000円	（不利差異）
操業度差異	80,000円	（有利差異）

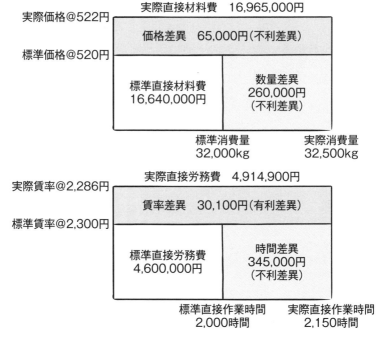

解 説

実際価格@522円
実際直接材料費　16,965,000円
標準価格@520円

価格差異　65,000円（不利差異）

標準直接材料費
16,640,000円

数量差異
260,000円
（不利差異）

標準消費量
32,000kg

実際消費量
32,500kg

実際賃率@2,286円
実際直接労務費　4,914,900円
標準賃率@2,300円

賃率差異　30,100円（有利差異）

標準直接労務費
4,600,000円

時間差異
345,000円
（不利差異）

標準直接作業時間
2,000時間

実際直接作業時間
2,150時間

製造間接費差異　8,316,200円 − 6,600,000円 = 1,716,200円（不利差異）

予算差異　8,316,200円 − 7,015,000円 = 1,301,200円（不利差異）

能率差異　（2,150時間 − 2,000時間）× @3,300円 = 495,000円（不利差異）

操業度差異　（2,100時間 − 2,150時間）× @1,600円 = − 80,000円（有利差異）

応用問題 10−1

	仕　掛　品		（単位：円）
月 初 有 高	（　8,400）	製　　品　（	28,000）
材　　　料	10,400	月 末 有 高　（	4,200）
賃　　　金	7,000	原 価 差 異　（	700）
製造間接費	7,100		
	（　32,900）	（	32,900）

254

損 益 計 算 書 　　　（単位：円）

Ⅰ	売上高		45,000
Ⅱ	売上原価		
	1．月初製品棚卸高	（　　14,000）	
	2．当月製品製造原価	（　　28,000）	
	合　　計	（　　42,000）	
	3．月末製品棚卸高	（　　11,200）	
	差　　引	（　　30,800）	
	4．原 価 差 異	（　　　　700）	（　　31,500）
	売 上 総 利 益		（　　13,500）
Ⅲ	販売費及び一般管理費		3,080
	営 業 利 益		（　　10,420）

仕掛品勘定の計算

　月初有高：@280×60個×50％＝8,400円

　製　　　品：@280×100個＝28,000円

　月末有高：@280×30個×50％＝4,200円

　原価差異：貸借差額として計算します。

損益計算書売上原価の計算

　月初製品棚卸高　　：@280×50個＝14,000円

　当月製品製造原価：@280×100個＝28,000円

　月末製品棚卸高　　：@280×40個＝11,200円

基本問題 11－1

(1)　10,000個

(2)　5,000,000円

(3)　9,500,000円

(4)　6,000,000円

解 説

(1)　損益分岐点の販売量

　　　3,000,000円÷（500円－100円－80円－20円）＝10,000個

(2)　損益分岐点の売上高

　　　3,000,000円÷（1－200円÷500円）＝3,000,000円÷0.6＝5,000,000円

255

(3) 目標営業利益270万円をあげる売上高

$$(3,000,000円 + 2,700,000円) \div 0.6 = 9,500,000円$$

(4) 売上高の10%の営業利益をあげる売上高

$$3,000,000円 \div (1 - 0.4 - 0.1) = 6,000,000円$$

基本問題 11-2

問1　35%

問2　1,200,000円

問3　1,800,000円

（解 説）

問1　貢献利益率 = 560,000円 ÷ 1,600,000円 = 0.35 = 35%

問2　損益分岐点における売上高 = 420,000円 ÷ 0.35 = 1,200,000円

問3　目的利益を獲得するための売上高

$$(420,000円 + 210,000円) \div 0.35 = 1,800,000円$$

応用問題 11-1

① 600　　② 3,000,000　　③ 800　　④ 4,000,000　　⑤ 500

⑥ 560,000

（解 説）

(1) 単位当たり貢献利益　@5,000円 - @3,500円 = @1,500円

損益分岐点の販売量　$\dfrac{900,000円}{@1,500円} = 600個$

損益分岐点の売上高　600個 × @5,000円 = 3,000,000円

目標営業利益を獲得するための販売量　$\dfrac{900,000円 + 300,000円}{@1,500円} = 800個$

(2) 貢献利益率　100% - 65% = 35%

損益分岐点の売上高　$\dfrac{1,400,000円}{35\%} = 4,000,000円$

損益分岐点の販売量　$\dfrac{4,000,000円}{@8,000円} = 500個$

販売量700個のときの営業利益

700個×@8,000円×35％－1,400,000円＝560,000円

応用問題 11-2

(1) 売上高　51,000円　　販売量　425個

(2) 安全余裕率　40％

(3) 売上高　94,200円　　販売量　785個

(4) 売上高　102,000円　　販売量　850個

解説

(1) 貢献利益率＝（85,000円－34,000円）÷85,000円×100＝60％

損益分岐点売上高＝30,600円÷60％＝51,000円

販売量＝51,000円÷@120円＝425個

(2) 安全余裕率＝$\frac{85,000円－51,000円}{85,000円}$×100＝40.0％

(3) 目標営業利益額25,920円を達成するための売上高

（30,600円＋25,920円）÷60％＝94,200円

販売量＝94,200円÷@120円＝785個

(4) 目標営業利益率30％を達成するための売上高

30,600円÷（60％－30％）＝102,000円

販売量＝102,000円÷@120円＝850個

基本問題 12-1

① 変動費　② 変動費　③ 準変動費　④ 固定費

⑤ 準固定費　⑥ 変動費　⑦ 固定費　⑧ 準変動費

基本問題 12-2

(1) 変動費率＝9,000円/台　　月間固定費＝1,470,000円

(2) ①　費目別精査法　②　経験的判断　③　精査

解説

本問は，原価の固変分解に関する問題です。

257

(1) 変動費率と月間固定費の算定

高低点法によって固変分解を行うので，まずは最高操業度と最低操業度を選択します。ここで，原価発生額の最高月と最低月を選択するのではなく，あくまでも操業度の最高月と最低月を選択することに留意してください。問題文から正常操業圏は280台から580台なので，最高操業度は5月の550台，最低操業度は7月の290台となります。よって，変動費率および月間固定費は以下のように計算します。

$$変動費率 \quad \frac{6,420,000円 - 4,080,000円}{550台 - 290台} = 9,000円/台$$

月間固定費　$6,420,000円 - 9,000円 \times 550台 = 1,470,000円$　または，

$4,080,000円 - 9,000円 \times 290台 = 1,470,000円$

応用問題 12-1

(A)　最高生産量　4,100個　　最低生産量　2,900個

(B)　製品1個当たりの変動費　300円

　　月間の固定費　820,000円

(C)　損益分岐点の売上高　1,435,000円

解説

(B)　製品1個当たりの変動費 $= \dfrac{2,050,000円 - 1,690,000円}{4,100個 - 2,900個} = 300円/個$

　　月間固定費 $= 2,050,000円 - 300円/個 \times 4,100個 = 820,000円$

(C)　損益分岐点の売上高 $= \dfrac{820,000円}{(700円 - 300円) \div 700円} = 1,435,000円$

基本問題 13-1

損益計算書（全部原価計算）　　　（単位：円）

	第1期	第2期
売上高	(350,000)	(375,000)
売上原価	(125,000)	(125,625)
売上総利益	(225,000)	(249,375)
販売費・一般管理費	(85,000)	(88,250)
営業利益	(140,000)	(161,125)

損益計算書（直接原価計算） （単位：円）

	第1期	第2期
売上高	(350,000)	(375,000)
変動売上原価	(63,000)	(67,500)
変動製造マージン	(287,000)	(307,500)
変動販売費	(45,500)	(48,750)
貢献利益	(241,500)	(258,750)
固定費	(101,500)	(101,500)
営業利益	(140,000)	(157,250)

解 説

① 全部原価計算

＜第1期＞

売上高　@500円×700円＝350,000円

売上原価　@90円×700個＋62,000円＝125,000円

販売費・一般管理費　@65円×700個＋22,500円＋17,000円＝85,000円

＜第2期＞

売上高　@500円×750個＝375,000円

売上原価　（@90円×800個＋62,000円）÷800個×750個＝125,625円

販売費・一般管理費　@65円×750個＋22,500円＋17,000円＝88,250円

② 直接原価計算

＜第1期＞

売上高は①と同様。

変動売上原価　@90円×700個＝63,000円

変動販売費　@65円×700個＝45,500円

固定費　62,000円＋22,500円＋17,000円＝101,500円

＜第2期＞

売上高は①と同様。

変動売上原価　@90円×750個＝67,500円

変動販売費　@65円×750個＝48,750円

固定費は，第1期と同様。

損益計算書（直接原価計算）（単位：円）

売上高	1,430,000
変動費	440,000 (※1)
貢献利益	990,000
固定費	510,000 (※2)
営業利益	480,000

解　説

（※1）　固定加工費が330,000円であることから，製品1個当たり変動製造原価は，（687,500円－330,000円÷1,200個×1,100個）÷1,100個＝350円/個となります。したがって，製品1個当たり変動製造原価・変動販売費（350＋50)円/個＋×1,100個＝440,000円。

（※2）　固定加工費330,000円＋固定販売費及び一般管理費180,000円（資料4の販売費及び一般管理費235,000円－変動販売費50円/個×1,100個）＝510,000円。

問1　210,000円

問2　60%

問3　1,250,000円

問4　200,000円

解　説

問1

損益計算書（直接原価計算）（単位：円）

売上高	1,200,000
変動費	480,000 (※1)
貢献利益	720,000
固定費	510,000 (※2)
営業利益	210,000

（＊1）　変動製造原価（650,000円－250,000円）＋変動販売費（340,000円－140,000円－120,000円）＝480,000円

（＊2）　250,000円＋140,000円＋120,000円＝510,000円

問2　720,000円÷1,200,000円×100＝60%

問3　(510,000円＋240,000円)÷0.6＝1,250,000円

問4　元の損益分岐点売上高：510,000円÷0.6＝850,000円

固定費引下げの場合の損益分岐点売上高：(510,000円－120,000円)÷

0.6＝650,000円

よって，200,000円引き下げることができたことがわかります。

応用問題 13−1

損益計算書（直接原価計算）		（単位：円）
売上高		16,000,000
変動売上原価		
期首製品棚卸高	(2,160,000)	
当期製品製造原価	(9,720,000)	
合　計	(11,880,000)	
期末製品棚卸高	(3,240,000)	
差　引	(8,640,000)	
原価差異	(0)	(8,640,000)
変動製造マージン		(7,360,000)
変動販売費		(360,000)
貢献利益		(7,000,000)
固定費		
固定製造間接費	(3,200,000)	
固定販売費	(800,000)	
一般管理費	(1,400,000)	(5,400,000)
営業利益		(1,600,000)

損益計算書（全部原価計算）		（単位：円）
売上高		(16,000,000)
売上原価		
期首製品棚卸高	(2,800,000)	
当期製品製造原価	(12,600,000)	
合　計	(15,400,000)	
期末製品棚卸高	(4,200,000)	
差　引	(11,200,000)	
原価差異	(320,000)	(11,520,000)
売上総利益		(4,480,000)
販売費及び一般管理費		(2,560,000)
営業利益		(1,920,000)

直接原価計算の場合

期首製品棚卸高＝直接材料費1,240,000円＋直接労務費520,000円

　　　　　　　　＋変動製造間接費1,000円/個×400個＝2,160,000円

当期製品製造原価＝直接材料費（5,200,000円＋900,000円−700,000円）

　　　　　　　　＋直接労務費（2,600,000円−630,000円＋550,000円）

　　　　　　　　＋変動製造間接費1,000円/個×1,800個＝9,720,000円

期末製品棚卸高＝9,720,000円÷1,800個×600個＝3,240,000円

原価差異＝変動製造間接費実際発生額1,800,000円−変動製造間接費予定配

　　　　賦額1,800,000円＝0円

変動販売費，固定製造間接費，固定販売費，一般管理費は資料のとおり。

全部原価計算の場合

期首製品棚卸高＝直接材料費1,240,000円＋直接労務費520,000円

　　　　　　　　＋製造間接費2,600円/個×400個＝2,800,000円

当期製品製造原価＝直接材料費（5,200,000円＋900,000円−700,000円）

　　　　　　　　＋直接労務費（2,600,000円−630,000円＋550,000円）

　　　　　　　　＋製造間接費2,600円/個×1,800個＝12,600,000円

期末製品棚卸高＝12,600,000円÷1,800個×600個＝4,200,000円

原価差異＝製造間接費実際発生額（1,800,000円＋3,200,000円）−製造間接

　　　　費予定配賦額2,600円/個×1,800個＝320,000円（借方差異）

販売費及び一般管理費は資料9のとおり。

基本問題 14−1

(1)	（借）	売　掛　金	300,000	（貸）	売　　　上	300,000
(2)	（借）	材　　　料	5,000	（貸）	仕　掛　品	180,000
		売 上 原 価	175,000			

解 説

1．完成品の引渡しは外部取引なので納入価格で売上収益を計上します。も
　　しこの段階で製造原価がわかっていれば，さらに以下の仕訳も行います。

（借）売 上 原 価　180,000　（貸）仕 掛 品　180,000

この場合，(2)の仕訳は以下のとおりとなります。

（借）材　　　　料　　5,000　（貸）売　上　原　価　　5,000

2．直接材料の返納は，

（借）材　　　　料　　5,000　（貸）仕　掛　品　　5,000

ですが，製造原価がこの段階でわかった場合は，製品がすでに完成してただちに注文主に引き渡されているので，

（借）売　上　原　価　175,000　（貸）仕　掛　品　175,000

もあわせて記入します。

基本問題 16-1

(1) 工場会計を独立させる場合

	本社の一般元帳				工場の工場元帳			
1	工　場	520,000	買 掛 金 未 払 金	500,000 20,000	材　料	520,000	本　社	520,000
2		な	し		仕 掛 品	310,000	製造間接費	310,000
3		な	し		仕 掛 品 製造間接費	300,000 150,000	材　料	450,000
4	工　場	330,000	未払賃金	330,000	仕 掛 品 製造間接費	260,000 70,000	本　社	330,000
5	工　場	60,000	減価償却 累 計 額	60,000	製造間接費	60,000	本　社	60,000
6	工　場	40,000	現　金	40,000	製造間接費	40,000	本　社	40,000
7		な	し		原価差異	10,000	製造間接費	10,000
8	製　品	860,000	工　場	860,000	本　社	860,000	仕 掛 品	860,000
9	売上原価	850,000	製　品	850,000		な	し	
10	売 掛 金	1,200,000	売　上	1,200,000		な	し	
11	現　金	900,000	売 掛 金	900,000		な	し	

(2) 工場会計を独立させない場合

	通常の総勘定元帳				
1	材　　　　料	520,000	買　掛　　金	500,000	
			未　払　　金	20,000	
2	仕　掛　　品	310,000	製 造 間 接 費	310,000	
3	仕　掛　　品	300,000	材　　　　料	450,000	
	製 造 間 接 費	150,000			
4	仕　掛　　品	260,000	未 払 賃 金	330,000	
	製 造 間 接 費	70,000			
5	製 造 間 接 費	60,000	減価償却累計額	60,000	
6	製 造 間 接 費	40,000	現　　　　金	40,000	
7	原 価 差 異	10,000	製 造 間 接 費	10,000	
8	製　　　　品	860,000	仕　掛　　品	860,000	
9	売 上 原 価	850,000	製　　　　品	850,000	
10	売　掛　　金	1,200,000	売　　　　上	1,200,000	
11	現　　　　金	900,000	売　掛　　金	900,000	

付　録

簿記検定試験　2級／工業簿記
総合模擬問題・解答・解説

＊　ここには日本商工会議所主催の簿記
検定試験に対応した模擬試験問題を収録
しています。統一試験，ネット試験のい
ずれの出題方法にも対応しています。

＊　答案用紙は中央経済社のホームペー
ジにある「ビジネス専門書 Online」か
ら無料ダウンロードできます（https://
www.biz-book.jp）。右の二次元コードか
ら検定簿記講義シリーズにアクセスでき
ますので，ご活用ください。

┌─── 2024年度簿記検定試験施行予定日 ───
　　第167回簿記検定試験　　2024年 6 月 9 日〈 1 ～ 3 級〉
　　第168回簿記検定試験　　2024年11月17日〈 1 ～ 3 級〉
　　第169回簿記検定試験　　2025年 2 月23日〈 2 ～ 3 級〉

総合模擬問題①

(1)　下記の取引について仕訳しなさい（金額単位は円である）。ただし，勘定科目は，設問ごとに最も適当と思われるものを選び，答案用紙の（　）の中に記号で解答すること。

1．A社は素材600kg（購入代価2,400円/kg），買入部品4,500個（購入代価160円/個）を掛けで購入した。なお，購入に際しては，購入代価の10％を材料副費として予定配賦している。

　　ア　材料　　　　イ　現金　　　　ウ　材料副費
　　エ　仕掛品　　　オ　買掛金　　　カ　製造間接費

2．B工場は当月の賃金の消費額を計上する。直接工の作業時間報告書によれば，直接作業時間は455時間，間接作業時間は40時間であった。当工場において適用される直接工の予定賃率は1時間当たり1,300円である。また，間接工については，前月賃金未払高40,000円，当月賃金支払高137,500円，当月賃金未払高32,500円であった。

　　ア　賃金・給料　　イ　現金　　　　　ウ　製造間接費
　　エ　仕掛品　　　　オ　賃率差異　　　カ　製品

3．C社では本社会計から工場会計を独立させている。賃金・給料の支払いは本社が行っている。直接工賃金1,400,000円と間接工賃金325,000円を現金で支払った。工場での仕訳を示しなさい。

　　ア　賃金・給料　　イ　工場　　　　ウ　本社
　　エ　仕掛品　　　　オ　現金　　　　カ　製造間接費

(2) 当工場では，実際個別原価計算を採用している。次の［資料］にもとづいて，
8月の仕掛品勘定を完成させなさい。

［資料］

製造指図書番号	直接材料費	直接労務費	製造間接費	備考
No.103	400,000円 （7月分） 100,000円 （8月分）	800,000円 （7月分） 140,000円 （8月分）	1,100,000円 （7月分） 220,000円 （8月分）	7/20着手，7/31仕掛，8/5完成，8/7販売
No.104	600,000	500,000	800,000	8/2着手，8/8一部仕損，8/18完成，8/20販売
No.104-2	40,000	60,000	100,000	8/9補修開始，8/13補修完了
No.105	640,000	700,000	1,000,000	8/18着手，8/25完成，8/31在庫
No.106	240,000	300,000	420,000	8/21着手，8/31仕掛

なお，No.104-2は，一部仕損となったNo.104を合格品とするために発行した補修指図書であり，仕損は正常なものであった。

(3) 甲工場では，製品Aを生産し，原価計算方式としては標準原価計算を採用している。次の［資料］にもとづいて，下記の問に答えなさい。

［資料］

1．原価標準（製品A1個当たりの標準原価）の一部
　　直接材料費　　1,250円/kg　　×　3.0kg　　3,750円
　　直接労務費　　650円/時間　×　1.0時間　　650円

2．当月の生産実績
　　月初仕掛品　　　　　500 個（80％）
　　当 月 着 手　　　3,900
　　　合　　計　　　　4,400 個
　　月末仕掛品　　　　　400　　（50％）
　　完 成 品　　　　4,000 個
　　（注）　材料はすべて工程の始点で投入している。

3．当月の原価実績
　　直接材料費　15,285,000円（実際材料消費量　11,960kg）
　　直接労務費　　2,547,500円（実際作業時間　3,880時間）

問1　当月の標準材料消費量を計算しなさい。
問2　直接材料費差異を価格差異と数量差異に分析しなさい。なお，（　）内の「借方」または「貸方」を○で囲むこと。
問3　当月の標準直接作業時間を計算しなさい。

(1)

	借　　方		貸　　方	
	記　号	金　額	記　号	金　額
1	(　　　)		(　　　)	
	(　　　)		(　　　)	
2	(　　　)		(　　　)	
	(　　　)		(　　　)	
3	(　　　)		(　　　)	
	(　　　)		(　　　)	

(2)

仕掛品　　　　　　（単位：円）

前 月 繰 越	(　　　)	製　　　品	(　　　)
直接材料費	(　　　)	次 月 繰 越	(　　　)
直接労務費	(　　　)		
製造間接費	(　　　)		
	(　　　)		(　　　)

(3)

問1　[　　　　　] kg

問2　価格差異　[　　　　　] 円　（ 借方 ・ 貸方 ） 差異

　　　数量差異　[　　　　　] 円　（ 借方 ・ 貸方 ） 差異

問3　[　　　　　] 時間

解答

(1) （12点）

	借　　方		貸　　方	
	記　号	金　額	記　号	金　額
1	（　ア　）	2,376,000	（　オ　）	2,160,000
	（　　　）		（　ウ　）	216,000
2	（　エ　）	591,500	（　ア　）	773,500
	（　ウ　）	182,000	（　　　）	
3	（　ア　）	1,725,000	（　ウ　）	1,725,000
	（　　　）		（　　　）	

仕訳1組につき4点。合計12点。

(2) （16点）

仕掛品　　　　　　　　　　（単位：円）

前 月 繰 越	（ 2,300,000）	製　　　品	（ 7,200,000）
直接材料費	（ 1,620,000）	次 月 繰 越	（ 960,000）
直接労務費	（ 1,700,000）		
製造間接費	（ 2,540,000）		
	（ 8,160,000）		（ 8,160,000）

￤　￤1つにつき4点。合計16点。

(3) （12点）

問1　｜　11,700　｜　kg

問2　価格差異　｜　335,000　｜　円　（ 借方 ・ 貸方 ）差異

　　　数量差異　｜　325,000　｜　円　（ 借方 ・ 貸方 ）差異

問3　｜　3,800　｜　時間

￤　￤1つにつき3点。合計12点。

(1)

	借 方		貸 方	
	勘 定	金 額	勘 定	金 額
1	材 料	2,376,000	買掛金	(※1) 2,160,000
			材料副費	(※2) 216,000
2	仕掛品	(※3) 591,500	賃金・給料	773,500
	製造間接費	(※4) 182,000		
3	賃金・給料	(※5) 1,725,000	本社	1,725,000

（※1） 素材購入額（600kg×2,400円/kg）＋買入部品購入額（4,500個×160円/個）

（※2） 材料副費予定配賦額（600kg×2,400円/kg ＋4,500個×160円/個）×10％

（※3） 予定賃率1,300円/時×直接作業時間455時間

（※4） 予定賃率1,300円/時×間接作業時間40時間
＋間接工賃金（137,500－40,000円＋32,500円）

（※5） 直接工賃金1,400,000円＋間接工賃金325,000円

(2)

		仕掛品			（単位：円）
前 月 繰 越	(※1)	2,300,000	製　　　品	(※5)	7,200,000
直接材料費	(※2)	1,620,000	次 月 繰 越	(※6)	960,000
直接労務費	(※3)	1,700,000			
製造間接費	(※4)	2,540,000			
		8,160,000			8,160,000

（※1） No.103・7月分（400,000円＋800,000円＋1,100,000円）

（※2） No.103・100,000円＋No.104・600,000円＋No.104－2・40,000円＋No.105・
640,000円＋No.106・240,000円

（※3） No.103・140,000円＋No.104・500,000円＋No.104－2・60,000円＋No.105・
700,000円＋No.106・300,000円

（※4） No.103・220,000円＋No.104・800,000円＋No.104－2・100,000円＋No.105・
1,000,000円＋No.106・420,000円

（※5） No.103原価合計2,760,000円（＝400,000円＋800,000円＋1,100,000円
＋100,000円＋140,000円＋220,000円）
＋No.104原価合計1,900,000円（＝600,000円＋500,000円＋800,000円）＋No.104

－2　原価合計200,000円（＝40,000円＋60,000円＋100,000円）

　　＋No.105原価合計2,340,000円（＝640,000円＋700,000円＋1,000,000円）

（※6）　No.106原価合計960,000円（＝240,000円＋300,000円＋420,000円）

(3)　下記が生産データである（単位：kg）。（　）内は完成品加工換算量を表す。

月初仕掛品	500	(400)	完 成 品	4,000	(4,000)
当 月 着 手	3,900	(3,800)	月末仕掛品	400	(200)

問1　 $^{(※1)}$11,700　kg

問2　価格差異　$^{(※2)}$335,000　円　（　借方　・　貸方　）差異

　　　　数量差異　$^{(※3)}$325,000　円　（　借方　・　貸方　）差異

問3　$^{(※4)}$3,800　時間

（※1）　当月着手3,900個×単位標準材料消費量3.0kg/個

（※2）　実際直接材料費15,285,000円－標準価格1,250円/kg×実際材料消費量11,960kg

（※3）　（実際材料消費量11,960kg－標準材料消費量11,700kg）×標準価格1,250円/kg

（※4）　当月着手（加工換算量）3,800個×単位標準直接作業時間1.0時間/個

総合模擬問題②

（制限時間　商業簿記とともに90分）
注：解答はすべて答案用紙に記入して下さい。

(1)　下記の取引について仕訳しなさい（金額単位は円である）。ただし，勘定科目は，設問ごとに最も適当と思われるものを選び，答案用紙の（　）の中に記号で解答すること。

1．A社は材料4,800,000円の購入に際して，購入代価の5％を材料副費として予定配賦している。材料副費の実際発生額は262,000円であったので，予定配賦額との差額を材料副費差異勘定に振り替える。

　　ア　材料　　　　イ　材料副費差異　　ウ　材料副費
　　エ　仕掛品　　　オ　買掛金　　　　　カ　製造間接費

2．B工場では，素材1,260,000円を無償で外注業者に引き渡し，加工を依頼した。なお，出庫記録は通常の出庫票による。

　　ア　材料　　　　イ　賃金・給料　　　ウ　製品
　　エ　仕掛品　　　オ　買掛金　　　　　カ　製造間接費

3．C工場では当月の直接作業時間にもとづき予定配賦率を適用しており製造間接費を各製造指図書に配賦する。なお，当工場の年間の製造間接費予算は7,680,000円，年間の予定直接作業時間は19,200時間である。当月の実際直接作業時間は1,520時間であった。

　　ア　賃金・給料　　イ　製造間接費　　　ウ　予算差異
　　エ　仕掛品　　　　オ　製品　　　　　　カ　操業度差異

⑵ 次のB工場の［**資料**］にもとづいて，製造原価報告書を作成しなさい。

［**資料**］
1．棚卸資産有高

（単位：円）

	月初有高	月末有高
素材	2,940,000	3,020,000
仕掛品	2,193,000	2,156,000
製品	2,413,000	2,624,000

2．直接工の作業時間および賃率
　　直接工の総就業時間の内訳は，直接作業時間1,890時間，間接作業時間133時間であった。なお，賃金計算では，平均賃率である1時間当たり1,200円を適用している。

3．1月中の支払高等

（単位：円）

素材仕入高	6,420,000
間接工賃金当月支払高	570,000
間接工賃金前月未払高	130,000
間接工賃金当月未払高	120,000
電力料金（測定高）	147,500
減価償却費（月割額）	1,750,000
水道料金（測定高）	111,500

4．製造間接費は直接労務費の120％を予定配賦している。

(3) A社では，製品Pを製造・販売している。これまで全部原価計算による損益計算書を作成してきたが，販売量と営業利益の関係がわかりにくいため，直接原価計算による損益計算書に作り替えることとした。次の［資料］にもとづいて，答案用紙の直接原価計算による損益計算書を完成し，これにもとづき当期の損益分岐点の売上高を計算しなさい。

［資料］

1．当期の固定加工費は275,000円であった。固定加工費は各期の実際生産量にもとづいて実際配賦している。

2．販売費及び一般管理費

　　　変動販売費　　　225円/個　　　固定販売費及び一般管理費　　　　？　円

3．生産・販売状況（期首・期末の仕掛品は存在しない）

期首製品在庫量	0個
当期製品生産量	1,100個
当期製品販売量	800個
期末製品在庫量	300個

4．全部原価計算による損益計算書（単位：円）

売上高	1,000,000
売上原価	520,000
売上総利益	480,000
販売費及び一般管理費	208,000
営業利益	272,000

〔答案用紙〕

(1)

	借　　　方		貸　　　方	
	記　　号	金　　額	記　　号	金　　額
1	（　　　）		（　　　）	
	（　　　）		（　　　）	
2	（　　　）		（　　　）	
	（　　　）		（　　　）	
3	（　　　）		（　　　）	
	（　　　）		（　　　）	

(2)

製造原価報告書　　　　　（単位：円）

Ⅰ　直　接　材　料　費				
月　初　棚　卸　高	（　　　　　）			
当　月　仕　入　高	（　　　　　）			
合　　　　　計	（　　　　　）			
月　末　棚　卸　高	（　　　　　）	（　　　　　）		
Ⅱ　直　接　労　務　費		（　　　　　）		
Ⅲ　製　造　間　接　費				
間　接　労　務　費	（　　　　　）			
電　力　料　金	147,500			
減　価　償　却　費	1,750,000			
水　道　料　金	111,500			
合　　　　　計	（　　　　　）			
製造間接費配賦差異	（　　　　　）	（　　　　　）		
当　月　製　造　費　用		（　　　　　）		
月　初　仕　掛　品　原　価		2,193,000		
合　　　　　計		（　　　　　）		
月　末　仕　掛　品　原　価		2,156,000		
当　月　製　品　製　造　原　価		（　　　　　）		

(3)

直接原価計算による損益計算書（単位：円）

売上高	（　　　　　）
変動費	（　　　　　）
貢献利益	（　　　　　）
固定費	（　　　　　）
営業利益	（　　　　　）

当期の損益分岐点の売上高 ＿＿＿＿＿＿円

(1) （12点）

	借 方		貸 方	
	記　号	金　額	記　号	金　額
1	（　イ　）	22,000	（　ウ　）	22,000
	（　　　）		（　　　）	
2	（　エ　）	1,260,000	（　ア　）	1,260,000
	（　　　）		（　　　）	
3	（　エ　）	608,000	（　イ　）	608,000
	（　　　）		（　　　）	

仕訳1組につき4点。合計12点。

(2) （16点）

製造原価報告書　　　　　　（単位：円）

Ⅰ	直 接 材 料 費		
	月 初 棚 卸 高	（　2,940,000）	
	当 月 仕 入 高	（　6,420,000）	
	合　　計	（　9,360,000）	
	月 末 棚 卸 高	（　3,020,000）	（　6,340,000）
Ⅱ	直 接 労 務 費		（　2,268,000）
Ⅲ	製 造 間 接 費		
	間 接 労 務 費	（　719,600）	
	電 力 料 金	147,500	
	減 価 償 却 費	1,750,000	
	水 道 料 金	111,500	
	合　　計	（　2,728,600）	
	製造間接費配賦差異	（　7,000）	（　2,721,600）
	当 月 製 造 費 用		（　11,329,600）
	月 初 仕 掛 品 原 価		2,193,000
	合　　計		（　13,522,600）
	月 末 仕 掛 品 原 価		2,156,000
	当 月 製 品 製 造 原 価		（　11,366,600）

□1つにつき4点。合計16点。

(3) (12点)

直接原価計算による損益計算書（単位：円）

売上高	(1,000,000)
変動費	(500,000)
貢献利益	(500,000)
固定費	(303,000)
営業利益	(197,000)

当期の損益分岐点の売上高　[606,000]　円

□1つにつき3点。合計12点。

(1)

	借　　　方		貸　　　方	
	勘　定	金　額	勘　定	金　額
1	材料副費差異	(※1) 22,000	材料副費	22,000
2	仕掛品	(※2) 1,260,000	材料	1,260,000
3	仕掛品	(※3) 608,000	製造間接費	608,000

（※1）　材料副費実際発生額262,000円－材料副費予定配賦額（4,800,000円×5％）

（※2）　素材1,260,000円

（※3）　予定配賦率400円/時（＝7,680,000円÷19,200時間）×実際直接作業時間
　　　　1,520時間

(2)

製造原価報告書　　　　　　（単位：円）

Ⅰ	直 接 材 料 費			
	月 初 棚 卸 高	（　2,940,000）		
	当 月 仕 入 高	（　6,420,000）		
	合　　　計	（　9,360,000）		
	月 末 棚 卸 高	（　3,020,000）	（　6,340,000）	
Ⅱ	直 接 労 務 費		(※1)（　2,268,000）	
Ⅲ	製 造 間 接 費			
	間 接 労 務 費	(※2)（　719,600）		
	電 力 料 金	147,500		
	減 価 償 却 費	1,750,000		
	水 道 料 金	111,500		
	合　　　計	（　2,728,600）		
	製造間接費配賦差異	(※4)（　7,000）	(※3)（　2,721,600）	
	当 月 製 造 費 用		（　11,329,600）	
	月 初 仕 掛 品 原 価		2,193,000	
	合　　　計		（　13,522,600）	
	月 末 仕 掛 品 原 価		2,156,000	
	当 月 製 品 製 造 原 価		（　11,366,600）	

（※1）　平均賃率1,200円/時×直接作業時間1,890時間

（※2） 平均賃率1,200円/時×間接作業時間133時間＋間接工賃金要支払額（570,000
円－130,000円＋120,000円）

（※3） 製造間接費予定配賦額2,721,600円 （＝2,268,000円×120％）

（※4） 製造間接費実際発生額2,728,600円－予定配賦額2,721,600円

(3)

直接原価計算による損益計算書（単位：円）

売上高		（ 1,000,000）
変動費	（※1）	（ 500,000）
貢献利益		（ 500,000）
固定費	（※2）	（ 303,000）
営業利益		（ 197,000）

当期の損益分岐点の売上高 　（※5）606,000 円

（※1） 売上原価に占める変動製造原価（※3）320,000円＋変動販売費180,000円（＝
225円/個×800個）

（※2） 固定加工費275,000円＋固定販売費（販売費及び一般管理費208,000円－
変動販売費180,000円）

（※3） 売上原価520,000円－単位当たり固定加工費（※4）250円×当期製品販売量
800個

（※4） 固定加工費275,000円÷当期製品生産量1,100個

（※5） 固定費303,000円÷貢献利益率0.5（＝貢献利益500,000円÷売上高1,000,000
円）

総合模擬問題③

（制限時間　商業簿記と合わせて90分）
注：解答はすべて答案用紙に記入して下さい。

(1) 下記の取引について仕訳しなさい（金額単位は円である）。ただし，勘定科目は，設問ごとに最も適当と思われるものを選び，答案用紙の（　）の中に記号で解答すること。

1．当工場では標準原価計算制度を採用し，仕掛品勘定の記入はシングル・プランによる。直接材料費の原価標準は1,200円（標準単価600円，標準消費量2kg）である。月初，月末に仕掛品はなく，完成品360個に対する実際直接材料消費量は750kgであった。そこで，実際直接材料費と標準直接材料費との差額を価格差異勘定と数量差異勘定に振り替えた。なお，実際の購入原価をもって材料勘定への受入記録を行っており，直接材料900kgを1kg当たり640円で掛けにて購入している。

ア　材料　　　イ　価格差異　　ウ　数量差異
エ　仕掛品　　オ　買掛金　　　カ　製造間接費

2．当月の賃金の消費額を計上する。直接工の作業時間報告書によれば，直接作業時間は1,760時間，間接作業時間は50時間であった。当工場において適用される直接工の予定賃率は，1時間当たり1,750円である。

ア　賃金・給料　　イ　現金　　　　ウ　製造間接費
エ　仕掛品　　　　オ　賃率差異　　カ　製品

3．当月の直接作業時間にもとづき予定配賦率を適用して，製造間接費を各製造指図書に配賦する。なお，当工場の年間の製造間接費予算は3,840,000円，年間の予定直接作業時間は19,200時間である。当月の実際直接作業時間は1,500時間であった。

ア　賃金・給料　　イ　製造間接費　　ウ　予算差異
エ　仕掛品　　　　オ　製品　　　　　カ　操業度差異

(2) 当社は，XとYの2種類の異種製品を製造・販売しており，原価計算方法として組別総合原価計算を採用している。原料費は各製品に直課し，加工費は実際直接作業時間にもとづいて各製品に配賦している。次の［資料］にもとづいて，下記の問に答えなさい。なお，原価投入額を完成品総合原価と月末仕掛品原価に配分する方法として平均法を用いることとし，正常減損は工程の終点で発生し，

正常減損費はすべて完成品に負担させる。

[資料]
1．生産データ

	X製品	Y製品
月初仕掛品量	4,000 個（50％）	1,000 個（50％）
当月投入量	18,000	29,000
合　計	22,000 個	30,000 個
差引：正常減損量	2,000	0
月末仕掛品量	2,000 （50％）	3,000 （50％）
完成品量	18,000 個	27,000 個

（注）　原料はすべて工程の始点で投入し，（　　）内は加工費の進捗度である。
　　　　正常減損は工程の終点で発生している。

2．当月の加工費　　6,030,000円

3．当月の実際直接作業時間
　　X製品　1,292時間　　Y製品　1,120時間

問1　組別総合原価計算表を完成させなさい。
問2　X製品の完成品単位原価を計算しなさい。

(3)　中央工場では，製品Aを生産し，原価計算方式としては標準原価計算を採用
　している。次の［資料］にもとづいて，下記の問に答えなさい。

[資料]
1．原価標準（製品A1個当たりの標準原価）の一部
　　製造間接費1,800円/時間×2.5時間＝4,500円
2．製造間接費予算
　　年間変動費　　48,000,000円
　　年間固定費　　168,000,000円　　年間予定機械運転時間　　120,000時間

3．当月の生産実績

月初仕掛品 　　400 個（40％）

当 月 着 手 　　3,400

　合　　計 　　3,800 個

月末仕掛品 　　300 　（50％）

完 　成 　品 　　3,500 個

（注）　材料はすべて工程の始点で投入している。

4．当月の原価実績

製造間接費 　　17,710,000円（実際機械運転時間　8,810時間）

問1 当月の標準機械運転時間を計算しなさい。

問2 製造間接費の差異差異を行い，予算差異，能率差異（変動費と固定費の両方からなる），操業度差異を計算しなさい。有利差異か不利差異かを明示すること。

〔答案用紙〕

(1)

	借　方		貸　方	
	記　号	金　額	記　号	金　額
1	（　　　）		（　　　）	
	（　　　）		（　　　）	
2	（　　　）		（　　　）	
	（　　　）		（　　　）	
3	（　　　）		（　　　）	
	（　　　）		（　　　）	

(2)

問1

組別総合原価計算表　　　　　（単位：円）

	X 製品		Y 製品	
	原料費	加工費	原料費	加工費
月初仕掛品原価	800,000	130,000	120,000	50,000
当月製造費用	3,600,000		3,480,000	
合計	4,400,000		3,600,000	
差引：月末仕掛品原価				
完成品総合原価				

問2　［　　　　　　　］　円/個

(3)

問1　［　　　　　　　］　時間

問2　予算差異　［　　　　　　　　　］　円　（　借方　or　貸方　）差異

　　　能率差異　［　　　　　　　　　］　円　（　借方　or　貸方　）差異

　　　操業度差異　［　　　　　　　　　］　円　（　借方　or　貸方　）差異

285

解 答

(1) （12点）

	借	方	貸	方
	記 号	金 額	記 号	金 額
1	（ イ ）	30,000	（ ア ）	48,000
	（ ウ ）	18,000	（ ）	
2	（ エ ）	3,080,000	（ ア ）	3,167,500
	（ ウ ）	87,500	（ ）	
3	（ エ ）	300,000	（ イ ）	300,000
	（ ）		（ ）	

仕訳1組につき4点。合計12点。

(2) （16点）

問1

組別総合原価計算表 （単位：円）

	X 製品		Y 製品	
	原料費	加工費	原料費	加工費
月初仕掛品原価	800,000	130,000	120,000	50,000
当月製造費用	3,600,000	3,230,000	3,480,000	2,800,000
合計	4,400,000	3,360,000	3,600,000	2,850,000
差引：月末仕掛品原価	400,000	160,000	360,000	150,000
完成品総合原価	4,000,000	3,200,000	3,240,000	2,700,000

問2 　400　 円/個

■1つにつき2点。□1つにつき3点。合計16点。

(3) （12点）

問1 　8,725　 時間

問2 予算差異 　186,000　 円 （ 借方 or 貸方 ） 差異

能率差異 　153,000　 円 （ 借方 or 貸方 ） 差異

操業度差異 　1,666,000　 円 （ 借方 or 貸方 ） 差異

1つにつき3点。合計12点。

解説

(1)

1　価格差異：（標準単価600円－実際単価640円）×実際直接材料消費量750kg

　　数量差異：標準単価600円×（完成品360個×標準消費量 2 kg－実際直接材料消費量750kg）

2　仕掛品：予定賃率1,750円×直接作業時間1,760時間

　　製造間接費：予定賃率1,750円×間接作業時間50時間

3　仕掛品：予定配賦率200円（＝3,840,000円÷19,200時間）×実際直接作業時間1,500時間

(2)

問 1　X 加工費の当月製造費用：当月の加工費6,030,000円÷（1,292時間＋1,120時間）×1,292時間

　　　X 原料費の差引（月末仕掛品原価）：X 原料費合計欄より4,400,000円÷（正常減損量2,000個＋月末仕掛品量2,000個＋完成品量18,000個）×月末仕掛品量2,000個

　　　X 加工費の差引（月末仕掛品原価）：X 加工費合計欄より3,360,000円÷（正常減損量2,000個＋月末仕掛品量2,000個×加工進捗度50％＋完成品量18,000個）×月末仕掛品量2,000個×加工進捗度50％

　　　Y 加工費の当月製造費用：当月の加工費6,030,000円÷（1,292時間＋1,120時間）×1,120時間

　　　Y 原料費の差引（月末仕掛品原価）：Y 原料費合計欄より3,600,000円÷（月末仕掛品量3,000個＋完成品量27,000個）×月末仕掛品量3,000個

　　　Y 加工費の差引（月末仕掛品原価）：Y 加工費合計欄より2,850,000円÷（月末仕掛品量3,000個×加工進捗度50％＋完成品量27,000個）×月末仕掛品量3,000個×加工進捗度50％

問 2　（X 原料費完成品総合原価4,000,000円＋X 加工費完成品総合原価3,200,000円）÷完成品量18,000個

(3)

問 1　当月加工量3,490個（＝3,500個＋300個×50％－400個×40％）×製品単位当たり標準機械運転時間2.5時間

問 2　予算差異：実際発生額17,710,000円－変動予算17,524,000円（＝48,000,000円÷120,000時間×8,810時間＋168,000,000円÷12カ月）

　　　能率差異：（実際機械運転時間8,810時間－標準機械運転時間8,725時間）×標準配賦率1,800円

　　　操業度差異：｛月間予定機械運転時間10,000時間（＝120,000時間÷12カ月）－実際機械運転時間8,810時間｝×固定費1,400円（＝168,000,000円÷120,000時間）

287

ネット試験における解答上の留意事項（執筆者より）

　日商簿記検定試験（2級・3級）は，年3回の会場試験（統一試験）や学校などによる団体受験における紙ベースでの実施の他に，指定会場において PC を利用したネット試験（CBT 試験）でも実施されています。CBT 試験では統一試験等とともに，制限時間や合格点などにおいて同一条件で実施されますが，PC 利用に伴い，解答に際し以下の諸点に留意してください。

(1) 仕訳問題では，借方科目・貸方科目の入力欄に科目を入力する際，カーソルを合わせるとプルダウン方式により候補になる勘定科目がいくつか示されます。その中からマウスで選択し，クリックすることで入力されます。なお，仕訳の行数は正解の行数に対して余裕をもって表示されますので，必ずしもすべての行に入力が必要になるとは限りません。

(2) 仕訳問題における各設問の解答にあたっては，各勘定科目の使用は，借方・貸方の中でそれぞれ1回ずつとします（各設問につき，同じ勘定科目を借方・貸方の中で2回以上使用すると不正解になります）。

　　例：商品￥300を売り上げ，代金のうち￥100は現金で受け取り，残額を掛けとした。

　　［不正解となる解答例］

　　(借) 現　　　金　100　　(貸) 売　　　上　100
　　　　 売　掛　金　200　　　　 売　　　上　200

(3) 金額を入力する際には，数字のみを半角で入力します（文字や円マーク等を入力すると不正解となります）。なお，カンマを入力する必要はなく，金額入力後「Enter」キーを押すことで自動的にカンマが入ります。

(4) 文章の空欄にあてはまる適切な語句を記入する問題などにおいても，プルダウン方式により候補になる用語を選択し，クリックすることで入力されます。

(5) 貸借対照表・損益計算書作成問題等では，科目の入力欄に科目を入力する際，キーボードを利用して全角日本語で文字入力します。

(6) 紙ベースの試験のように問題用紙に直接メモ書き等を記入できないため，必要に応じて付与される計算用紙にメモ書き等を行います。

・日商簿記検定試験の概要
・商工会議所簿記検定試験出題区分表

※2024年1月現在。最新の情報は日本商工会議所の
ホームページでご確認下さい。

日商簿記検定試験の概要

● 各級のレベルと合格基準

1級：公認会計士，税理士などの国家資格への登竜門。合格すると税理士試験の受験資格が得られる。極めて高度な商業簿記・会計学・工業簿記・原価計算を修得し，会計基準や会社法，財務諸表等規則などの企業会計に関する法規を踏まえて，経営管理や経営分析ができる。

2級：経営管理に役立つ知識として，最も企業に求められる資格の1つ。企業の財務担当者に必須。高度な商業簿記・工業簿記（初歩的な原価計算を含む）を修得し，財務諸表の数字から経営内容を把握できる。

3級：ビジネスパーソンに必須の基礎知識。経理・財務担当以外でも，職種にかかわらず評価する企業が多い。基本的な商業簿記を修得し，経理関連書類の適切な処理や青色申告書類の作成など，初歩的な実務がある程度できる。

初級：簿記の基本用語や複式簿記の仕組みを理解し，業務に利活用することができる。

原価計算初級：原価計算の基本用語や原価と利益の関係を分析・理解し，業務に利活用することができる。

		科　　目	問題数	試験時間
1	級	商業簿記・会計学		90分
		工業簿記・原価計算		90分
2	級	商業簿記 工業簿記（初歩的な原価計算を含む）	5題以内	90分
3	級	商業簿記	3題以内	60分
簿 記 初 級				40分
原価計算初級				40分

● 合格基準

　各級とも100点満点中，70点以上の得点で合格となります。70点以上得点した人は全員合格となりますが，1級だけは1科目25点満点となっており，1科目でも得点が40%に満たない科目がある場合，不合格となります。

● 受験のしかた

　統一試験（1〜3級）：試験は例年，6月上旬，11月中旬，2月下旬の日曜日に一斉に行われますが，各商工会議所ごとに受験申込期間が異なります。

　ネット試験（2級・3級）：インターネットを介して試験の実施から採点，合否判定までを，ネット試験会場で毎日実施。申込みは専用ページ（https://cbt-s.com/examinee/examination/jcci.html）からできます。

ネット試験（初級・原価計算初級）：インターネットを介して試験の実施から採点，合否判定まで行う「ネット試験」で施行。試験日等の詳細は，最寄りの商工会議所ネット試験施行機関にお問い合わせください。

団体試験（2級・3級）：企業や教育機関等からの申請にもとづき，当該企業の社員・当該教育機関の学生等を対象に施行。具体的な施行人数は，地元の商工会議所にお問い合わせください。

● 受験料

1級8,800円　2級5,500円　3級3,300円　初級2,200円　原価計算初級2,200円

※2級・3級のネット試験については，事務手数料550円が別途かかります。

● 受験に際しての諸注意事項

統一試験およびネット試験では，いくつかの注意事項が設けられています。そのため，詳細については受験前に商工会議所の検定ホームページ（https://www.kentei.ne.jp）にてご確認ください。

● 合格発表（1〜3級）

統一試験（1〜3級）：合格発表の期日や方法，合格証書の受け渡し方法等は，各地商工会議所（初級は試験施行機関）によって異なります。申し込みの際にご確認ください。

ネット試験（2級・3級）：試験終了後に試験システムにより自動採点されて合否が判定されます。合格者はQRコードからデジタル合格証を，ご自身のスマートフォン等にダウンロードすることができます。

● 日商試験の問い合わせ

1〜3級の統一試験は各地商工会議所が各々主催という形をとっており，申込期日や実施の有無もそれぞれ若干異なりますので，受験される地区の商工会議所に各自問い合わせてください。さらなる詳細に関しては，検定ホームページでご確認ください。

商工会議所簿記検定試験出題区分表

（2021年12月10日　最終改定）
（2022年4月1日　　施行）

【工業簿記・原価計算】

2　　　級	1　　　級
第一　工業簿記の本質 　1．工業経営の特質 　2．工業経営における責任センター 　3．工業簿記の特色 　4．工業簿記と原価計算 　5．原価計算基準 　6．工業簿記の種類 　　ア．完全工業簿記 　　イ．商的工業簿記	
第二　原　価 　1．原価の意義 　　ア．原価の一般概念 　　ウ．原価計算基準の原価 　2．原価の要素，種類，態様 　　ア．材料費，労務費，経費 　　イ．直接費と間接費 　　ウ．製造原価，販売費，一般管理 　　　費，総原価 　　エ．実際原価，予定原価（見積原 　　　価，標準原価） 　　オ．変動費と固定費 　　キ．製品原価と期間原価 　　ク．全部原価と直接（変動）原価 　3．非原価項目	 　　イ．支出原価と機会原価 　　カ．管理可能費と管理不能費 　　ケ．特殊原価概念
第三　原価計算	

292

2　　　級	1　　　級
1．原価計算の意義と目的 2．原価計算の種類と形態 　ア．原価計算制度 ------------------------------------- 特殊原価調査 　イ．製造原価計算，営業費計算， 　　　総原価計算 　ウ．実際原価計算と予定原価計算 　　　（見積原価計算，標準原価計 　　　算） 　エ．個別原価計算と総合原価計算 　オ．全部原価計算と直接原価計算 3．原価計算の手続 　ア．費目別計算 　イ．部門別計算 　ウ．製品別計算 4．原価（計算）単位 5．原価計算期間	
第四　工業簿記の構造 1．勘定体系 2．帳簿組織 3．決算手続 4．財務諸表	
第五　材料費計算 1．材料費の分類 2．材料関係の証ひょうおよび帳簿 3．購入価額（副費の予定計算を含 　　む） 4．消費量の計算 5．消費単価の計算（予定価格によ 　　る計算を含む） 6．期末棚卸高の計算 ------------------------------ 棚卸減耗費の引当金処理	
第六　労務費計算 1．労務費の分類 2．賃金関係の証ひょうおよび帳簿 3．作業時間および作業量の計算 4．消費賃金の計算（予定賃率によ 　　る計算を含む）	

2　　　　級	1　　　　級
5．支払賃金，給料の計算	
第七　経費計算 　1．経費の分類 　2．経費関係の証ひょうおよび帳簿 　3．経費の計算 -- 複合費の計算	
第八　製造間接費計算 　1．製造間接費の分類 　2．製造間接費関係の証ひょうおよび帳簿 　3．固定予算と変動予算 　4．製造間接費の製品への配賦（予定配賦を含む） 　5．配賦差額の原因分析 　6．配賦差額の処理 　　ア．売上原価加減法	 　イ．営業外損益法 　ウ．補充率法 　エ．繰延法
第九　部門費計算 　1．部門費計算の意義と目的 　2．原価部門の設定 　3．部門個別費と部門共通費 　4．部門費の集計 　5．補助部門費の製造部門への配賦 　　ア．直接配賦法 　　イ．相互配賦法 --------------------------------- 純粋の相互配賦法 　　オ．実際配賦と予定配賦	 　　ウ．階梯式配賦法 　　エ．複数基準配賦法
第十　個別原価計算 　1．個別原価計算の意義 　2．製造指図書と原価計算表 　3．個別原価計算の方法と記帳 　4．仕損費の計算 　　ア．補修指図書を発行する場合	

2　　　　級	1　　　　級
	イ．代品の製造指図書を発行する 　　場合 ウ．補修または代品の指図書を発 　　行しない場合
5．仕損費の処理 　ア．当該指図書に賦課する場合	
	イ．間接費とし，仕損の発生部門 　　に賦課する方法 6．作業屑の処理
第十一　総合原価計算 　1．総合原価計算の意義 　2．総合原価計算の種類 　3．単純総合原価計算の方法と記帳 　4．等級別総合原価計算の方法と記 　　帳 　5．組別総合原価計算の方法と記帳 　6．総合原価計算における完成品総 　　合原価と期末仕掛品原価の計算 　ア．平均法 　イ．（修正）先入先出法 ·················· 純粋先入先出法 　7．工程別総合原価計算 　ア．工程別総合原価計算の意義と 　　　目的 　イ．全原価要素工程別総合原価計 　　　算の方法と記帳（累加法）········· （非累加法） 　　　　　　　　　　　　　　ウ．加工費工程別総合原価計算の 　　　　　　　　　　　　　　　　方法と記帳 　8．正常仕損費と正常減損費の処理 　　（度外視法）···························· （非度外視法） 　　　　　　　　　　　　　　9．異常仕損費と異常減損費の処理 　　　　　　　　　　　　　10．副産物の処理と評価 　　　　　　　　　　　　　11．連産品の計算	
第十二　標準原価計算 　1．標準原価計算の意義と目的 　2．標準原価計算の方法と記帳 　ア．パーシャル・プラン	
	イ．修正パーシャル・プラン

2　　　級	1　　　級
ウ．シングル・プラン	
	エ．減損と仕損
	オ．配合差異と歩留差異
3．標準原価差額の原因分析	
4．標準原価差額の会計処理	
ア．売上原価加減法	
	イ．営業外損益法
	ウ．補充率法
	エ．繰延法
	5．標準の改訂
第十三　原価・営業量・利益関係の分析	
1．損益分岐図表	
2．損益分岐分析の計算方法	
	3．CVPの感度分析
	4．多品種製品のCVP分析
	5．全部原価計算の損益分岐分析
第十四　原価予測の方法	
1．費目別精査法	
2．高低点法	
	3．スキャッター・チャート法
	4．回帰分析法
第十五　直接原価計算	
1．直接原価計算の意義と目的	
2．直接原価計算の方法と記帳	
3．固定費調整	
	4．直接標準原価計算
	5．価格決定と直接原価計算
	6．直接原価計算とリニアー・プログラミング
	7．事業部の業績測定
第十六　製品の受払い	
1．製品の受入れと記帳	
2．製品の販売と記帳	
第十七　営業費計算	
1．営業費の意義	
2．営業費の分類と記帳	

2　　　級	1　　　級
	３．営業費の分析
第十八　工場会計の独立※	
	第十九　差額原価収益分析 　１．業務的意思決定の分析 　２．構造的意思決定の分析 　　ア．資本予算の意義と分類 　　イ．設備投資の意思決定モデル 　　ウ．設備投資のキャッシュ・フ 　　　　ロー予測 　　エ．資本コストと資本配分
	第二十　戦略の策定と遂行のための原 　　　　　価計算 　１．ライフサイクル・コスティング 　２．品質原価計算 　３．原価企画・原価維持・原価改善 　４．活動基準原価計算

(注)　１．会計基準および法令は，毎年度４月１日現在施行されているものに準拠する。

　　　２．会社法・会社計算規則や各種会計基準の改正・改定等により，一部の用語など
　　　　　が変更される可能性がある。

　　　３．特に明示がないかぎり，同一の項目または範囲については，級の上昇に応じて
　　　　　程度も高くなるものとする。点線は上級に属する関連項目または範囲を特に示
　　　　　したものである。

　　　４．※印は，本来的にはそれが表示されている級よりも上級に属する項目または範
　　　　　囲とするが，当該下級においても簡易な内容のものを出題する趣旨の項目また
　　　　　は範囲であることを示す。

索　引

ら

〈編著者紹介〉

岡本　清（おかもと　きよし）

昭和29年　一橋大学商学部卒業，35年　同大学大学院商学研究科博士課程修了。昭和36年　一橋大学商学部専任講師，その後助教授，45年教授を経て，一橋大学名誉教授，平成5年　東京国際大学教授。平成12〜14年　東京国際大学学長。平成14年　東京国際大学名誉教授。一橋大学博士（商学）。

著書に「原価計算〈六訂版〉」（国元書房），「管理会計の基礎知識」〔編著〕（中央経済社），「管理会計〔第2版〕」〔共著〕（中央経済社）ほかがある。

廣本　敏郎（ひろもと　としろう）

昭和51年　一橋大学商学部卒業，56年　同大学大学院商学研究科博士課程単位修得，56年　一橋大学専任講師（商学部），その後助教授を経て，平成5年　一橋大学教授，平成27年　一橋大学名誉教授。一橋大学博士（商学）。

著書に「原価計算論〔第3版〕」〔共著〕（中央経済社），「米国管理会計論発達史」（森山書店），「新版工業簿記の基礎」（税務経理協会），「管理会計〔第2版〕」〔共著〕（中央経済社），「ガイダンス企業会計入門〔第4版〕」〔共編著〕（白桃書房），「日本の管理会計研究」〔共著〕（中央経済社）ほかがある。

検定簿記講義／2級工業簿記〔2024年度版〕

1956年5月20日	初版発行
1965年3月15日	昭和40年版発行
1974年3月25日	新検定（昭和49年）版発行
1984年3月15日	検定（昭和59年）版発行
1998年4月1日	新検定（平成10年）版発行
2013年2月20日	検定（平成25年度）版発行
2014年2月20日	検定（平成26年度）版発行
2015年2月20日	検定（平成27年度）版発行
2016年3月5日	検定（平成28年度）版発行
2017年3月25日	検定（平成29年度）版発行
2018年3月1日	検定（平成30年度）版発行
2019年3月30日	検定（2019年度）版発行
2020年3月30日	検定（2020年度）版発行
2021年3月30日	検定（2021年度）版発行
2022年3月30日	検定（2022年度）版発行
2023年3月30日	検定（2023年度）版発行
2024年3月30日	検定（2024年度）版発行

編著者　　岡　本　　　　清
　　　　　廣　本　敏　郎

発行者　　山　本　　　継

発行所　　㈱中　央　経　済　社

発売元　　㈱中央経済グループ
　　　　　パブリッシング

〒101-0051　東京都千代田区神田神保町1-35
電話　03（3293）3371（編集代表）
　　　03（3293）3381（営業代表）
https://www.chuokeizai.co.jp

ⒸＣ 2024
Printed in Japan

印刷／昭和情報プロセス㈱
製本／誠　製　本　㈱

日商簿記検定試験　完全対応

最新の出題傾向に沿って厳選された
練習問題を多数収録

大幅リニューアルでパワーアップ！

検定 簿記ワークブック

◆1級〜3級／全7巻

■問題編〔解答欄付〕■解答編〔取りはずし式〕

◇日商簿記検定試験合格への最も定番の全7巻シリーズ。最近の出題傾向を踏まえた問題構成と，実際の試験形式による「総合問題」で実力を養う。

◇「問題編」には直接書き込める解答欄を設け，「解答編」は学習に便利な取りはずし式で解説が付いている。

◇姉妹書「検定簿記講義」の学習内容と連動しており，検定試験突破に向けて最適の問題集。

1級　商業簿記・会計学 上巻／下巻
　　　　渡部裕亘・片山　覚・北村敬子［編著］

　　工業簿記・原価計算 上巻／下巻
　　　　岡本　清・廣本敏郎［編著］

2級　商業簿記　渡部裕亘・片山　覚・北村敬子［編著］

　　工業簿記　岡本　清・廣本敏郎［編著］

3級　商業簿記　渡部裕亘・片山　覚・北村敬子［編著］

中央経済社